복 있는 사람

오직 여호와의 율법을 즐거워하여 그 율법을 주야로 묵상하는 자로다.
저는 시냇가에 심은 나무가 시절을 좇아 과실을 맺으며 그 잎사귀가 마르지 아니함 같으니
그 행사가 다 형통하리로다. (시편 1:2-3)

그리스도인이라면 꼭 읽어야 할 20세기 경건 서적을 꼽는다면 단연 A. W. 토저의 저서일 것이다. 본인은 젊어서부터 토저의 책이라면 빠짐없이 구입하여 탐독하였다. 그의 책이 오늘날 한국교회가 처해 있는 상황에 특별히 적실한 것은 그 내용이 서구 기독교가 급속히 쇠퇴의 길로 접어드는 시점에서 세상에 취해 혼미한 교회를 깨우는 광야의 소리였기 때문이다. 토저는 내적 생명력을 잃어 가면서도 여전히 화려하게 포장된 종교의 외관을 꿰뚫어 보는 혜안으로 당대 주류 교회의 얄팍함과 저속함을 날카롭게 지적하여 많은 이들의 마음을 불편하게 만들었다. 그래서 그들의 발자취를 그대로 답습하다가 몰락의 위기에 처한 한국교회도 이 선각자의 음성이 매우 부담스러울 것이다. 그러기에 더욱 토저를 읽어야 한다.
박영돈 고려신학대학원 교의학 교수

토저는 당대 모든 작가와 비할 수 없는 방식으로 영혼을 탐색하고, 부끄러움을 들추어내며, 참된 영적 예배의 높은 경지로 우리를 이끌어 준다.
마틴 로이드 존스

토저는 20세기의 위대한 기독교 작가로서, 그의 모든 책과 글에서 빛나는 하나님을 향한 열정은 우리의 얄팍함을 부끄럽게 만든다. 그의 책을 읽는 것은 사막에서 오아시스 물을 마시는 것과 같다.
제임스 패커

부요한 성경 지식과 풍성한 목회 경험을 기반으로 이 시대를 향해 예언자의 목소리를 내왔던 토저의 글은, 하나님의 백성들로 하여금 오늘날 흔히 볼 수 있는 진부하고 피상적인 기독교에서 벗어나 하나님을 진지하게 추구하도록 이끈다.
제임스 몽고메리 보이스

토저는 젊은 시절 나의 주된 멘토였다. 나에게 그보다 더 큰 영향을 끼친 기독교 작가는 없다.
닐 앤더슨

설교를 빛에 비유한다면, 토저는 강단에서 심령을 꿰뚫는 레이저 광선을 발사한다. 아직도 토저의 글을 읽어 본 적이 없다면, 더 기다리지 말고 읽으라. 성경 수련회에 일주일 참석하는 것보다 토저의 글을 30분 읽는 편이 더 나을 때가 많다.
워렌 위어스비

하나님을 추구하라

Aiden Wilson Tozer

The Pursuit of God

하나님을 추구하라

A. W. 토저 지음 | 정상윤 옮김

복 있는 사람

하나님을 추구하라

2016년 2월 18일 초판 1쇄 발행
2024년 8월 28일 초판 6쇄 발행

지은이 A. W. 토저
옮긴이 정상윤
펴낸이 박종현

㈜ 복 있는 사람
주소 서울특별시 마포구 연남동 246-21(성미산로23길 26-6)
전화 02-723-7183, 7734(영업·마케팅) 팩스 02-723-7184
이메일 hismessage@naver.com
등록 1998년 1월 19일 제1-2280호

ISBN 979-11-7083-153-2 04230
ISBN 979-11-7083-160-0 04230 (세트)

이 도서의 국립중앙도서관 출판예정도서목록(CIP)은
서지정보유통지원시스템 홈페이지(http://seoji.nl.go.kr)와 국가자료공동목록시스템(http://
www.nl.go.kr/kolisnet)에서 이용하실 수 있습니다. (CIP 제어번호: 2016000722)

The Pursuit of God
by Aiden Wilson Tozer

차례

서문

온통 어둠이 편만한 이 시대에 기운을 북돋우는 한 줄기 빛이 비치고 있습니다. 신앙생활을 하면서 하나님을 점점 더 갈망하는 이들의 수^數가 보수 기독교 안에 늘고 있는 것입니다. 그들은 영적 실재를 열망합니다. 말만 듣고 뒤로 물러나지 않으며, 진리의 정확한 '해석'만 듣는 데 만족하지 않습니다. 하나님 자신을 목말라하며, '생수의 샘'에서 흠뻑 마실 때까지 만족하지 않습니다.

이것이 제가 신앙의 지평선에서 탐지해 낼 수 있는 부흥의 유일한 실제 조짐입니다. 얼마 안 되는 성도들이 이리저리 찾던 손바닥만한 구름이 바로 이것일 수 있습니다. 이 갈망이 수많은 영혼을 되살릴 수 있으며, 그리스도를 믿는 믿음에 마땅히 수반되어야 할 빛나는 경이감, 지금은 하나님의 교회에서 사라지고 없는 경이감을 회복시킬 수 있습니다.

우리 신앙의 지도자들이 이 갈망을 인지해야 합니다. 현재 복음주의는 제단을 쌓고 제물의 각을 떠 놓고서도(비유적으로 말하자면), 그 돌의 수를 세며 각 뜬 조각들을 재배치하는 데만 만족할 뿐, 저 높은 갈멜 산 꼭대기에 임했던 불의 표적이 없다는 사실에는 신경조차 쓰지 않는 것 같습니다. 그러나 감사하게도 그 사실에 신경 쓰는 이들이 적게나마 있습니다. 제단을 사랑하고 제물을 즐거워하면서도 계속 불이 붙지 않는 상태에 불편함을 느끼는 이들이 있습니다. 그들은 무엇보다 하나님을 열망합니다. 모든 거룩한 선지자들이 기록하고 시편 기자들이 노래했던 그리스도, 그 사랑의 "사무치는 감미로움"을 직접 맛보길 갈망합니다.

오늘날 그리스도에 대한 교리의 원리를 정확히 제시하는 성경교사는 부족하지 않습니다. 그러나 자신들의 사역에 임재의 표시가 나타나지 않으며 개인의 삶에도 비상한 일들이 일어나지 않는 현실을 이상하게도 알아채지 못한 채, 매년 믿음의 기본 원리를 가르치는 데만 만족하는 듯한 이들이 너무나 많습니다. 그들은 사역을 계속해 나가지만, 막상 그 사역의 대상인 신자들은 그들의 가르침만으로 채워지지 않는 갈망이 가슴속에 있는 것을 느낍니다.

사랑하는 마음으로 말하건대, 이러한 강단의 결핍이 실제적인 문제가 되고 있습니다. "굶주린 양들이 쳐다보나 먹을 것이 없구나"라는 밀턴John Milton의 무서운 말은• 그 당시뿐 아니라 이 시대에도 정확히 해당됩니다. 이것은 침통한 일로서, 하나님의 자녀들이 사실상 아버지의 식탁에 앉아 배를 곯는다는 것은 하나님 나라의 큰 수치가 아닐 수 없습니다. 웨슬리John Wesley의 말이 옳다는 것이 우리 눈앞에서 입증되고 있습니다.

> 정통교리 또는 옳은 견해는 기껏해야 신앙의 아주 작은 부분을 차지할 뿐이다. 옳은 감정은 옳은 견해 없이 지속될 수 없지만, 옳은 견해는 옳은 감정 없이 지속될 수 있다. 하나님에 대해 옳은 견해를 가지고 있지만, 그를 향한 사랑이나 옳은 감정은 느끼지 못할 수 있는 것이다. 사탄이 바로 그 증거다.

훌륭한 성경학회들과 효율적인 기관들이 말씀을 전파한 덕분에, 교회 역사상 어느 때보다 많은 이들이 "옳은 견해"를 갖게 되었습니다. 그러나 참된 영적 예배가 지금보다 더 쇠퇴했던 시기가 있었는지 모르겠습니다. 대부분의 교회에서 예배의 예술art of worship은 완전히 사라지고, '프로그램'이라는 낯설고 이질적인 요소가 그 자리를 차지해 버렸습니다. 무대 용어를 빌려 와 현재 예배로 통하고 있는 공적 의식에 적용하는 딱한 지혜가 발휘되고 있습니다.

건전한 성경 강해는 살아 계신 하나님의 교회에 반드시 필요합니다. 성경 강해가 없는 교회는 엄밀한 의미에서 신약성경이 말하

• 존 밀턴, 「리시더스」Lycidas 중에서.

는 교회가 될 수 없습니다. 그러나 성경을 강해하면서도 참된 영적 자양분을 전혀 공급하지 못할 수 있습니다. 듣는 이들의 영혼에 자양분을 공급하는 주체는 단순한 말 그 자체가 아니라 하나님 자신으로, 청중이 개인의 경험을 통해 하나님을 발견하지 못하는 한 진리를 듣는다고 해서 나을 바가 하나도 없기 때문입니다. 성경 자체는 목적이 아닙니다. 하나님을 친밀하고 흡족하게 알려 줌으로써 우리를 하나님 안으로 이끌어 주며 하나님 앞에서 즐거워하게 해주는 수단, 하나님 안에 있는 감미로움을 마음의 핵심과 중심으로 맛보아 알게 해주는 수단일 뿐입니다.

이 책은 굶주린 자녀들이 하나님을 발견하도록 돕기 위한 겸손한 시도입니다. 이 책의 내용은 제 마음이 가장 즐겁고 놀라운 영적 실재로 찾아낸 것들이라는 점에서만 새로울 뿐, 다른 점에서는 하나도 새로울 바가 없습니다. 다른 이들이 저보다 앞서 이 거룩한 신비에 훨씬 더 깊이 들어갔습니다. 그러나 제 불꽃 또한 크지는 않아도 진정한 것이기에, 이 불꽃으로 자신의 초에 불을 붙일 이들이 있으리라 생각합니다.

1948년 6월 16일 일리노이 주 시카고에서
A. W. 토저

A. W. Tozer

1.   **하나님을 가까이 따르라**

나의 영혼이 주를 가까이 따르니 주의 오른손이 나를 붙드시거니와. ─ 시편 63:8

기독교 신학은 선행 은총 prevenient grace의 교리, 간단히 말해서 하나님이 먼저 사람을 찾으셔야 그 사람이 하나님을 찾을 수 있다는 교리를 가르칩니다.

죄인이 하나님에 대해 바른 생각을 하기 전에 하나님이 먼저 그 죄인의 내면을 밝혀 주시는 역사가 있어야 합니다. 완전치는 않더라도 참된 이 역사가 그로 하여금 이후에도 계속해서 하나님을 찾고 갈망하며 기도하게 만드는 신비한 원인으로 작용합니다.

하나님을 추구하도록 그가 먼저 우리 안에서 촉구하시기 때문에, 오직 그 한 가지 이유 때문에 우리는 하나님을 추구하게 됩니다. "나를 보내신 아버지께서 이끌지 아니하시면 아무도 내게 올 수 없"다고 주님은 말씀하셨습니다(요 6:44). 이처럼 하나님이 먼저 이끄시기 때문에 하나님께 나아가는 우리 행위를 인정해 달라고 요구할 수가 없습니다. 하나님을 추구하려는 충동은 하나님 자신이 주시는 것으로, 그 결과 우리는 그를 가까이 따르게 됩니다. 계속 하나님을 추구한다는 것은 우리가 이미 그의 손안에 있다는 뜻입니다. "주의 오른손이 나를 붙드시거니와."

하나님의 '붙드심'과 인간의 '따름'은 서로 배치되지 않습니다. 둘 다 하나님께 속한 일로서, 프리드리히 폰 휘겔^{Friedrich von Hügel}이 가르친 대로 **하나님이 항상 먼저 행하십니다.** 그러나 실제의 영역(하나님이 먼저 행하신 일과 인간의 현재 반응이 만나는 지점)에서는 인간이 하나님을 추구해야 합니다. 하나님의 은밀한 이끄심이 식별 가능한 경험으로 이어지려면 우리 쪽에서 적극적으로 화답할 필요가 있습니다. 시편 42:1-2은 개인의 감정에서 우러나온 따뜻한 언어로 이 점을 표현하고 있습니다. "하나님이여, 사슴이 시냇물을 찾기에 갈급함같이 내 영혼이 주를 찾기에 갈급하니이다. 내 영혼이 하나님 곧 살아 계시는 하나님을 갈망하나니 내가 어느 때에 나아가서 하나님의 얼굴을 뵈올까." 이것은 깊은 바다가 서로 부르는 것 같은 외침으로서(시 42:7), 갈망하는 심령은 그 외침이 어떤 것인지 이해합니다.

믿음으로 의롭다 하심을 얻는다는 교리—성경의 진리이자 무익한 율법주의와 쓸데없는 자기 노력에서 우리를 건져 주는 복된 해결책—가 이 시대에는 악한 무리의 손에 들어가 버렸습니다. 이 교리를 잘못 해석함으로 오히려 하나님을 아는 지식에 이르지 못하도록 가로막는 자들이 많습니다. 신앙의 회심은 기계적이고 맥없는 과정이 되어 버렸습니다. 믿음을 행사하는데도 기존의 도덕적인 생활은 타격을 입지 않으며, 아담에게서 물려받은 자아 또한 흔들리지 않습니다. 그리스도를 '영접'했는데도 영혼 속에 그리스도를 향한 특별한 사랑이 생겨나지 않습니다. '구원'을 받았는데도 하나님을 향한 굶주림이나 목마름을 느끼지 못합니다. 오히려 작은 것에 만족하라는 명시적인 가르침과 부추김을 받는 것이 현실입니다.

현대의 과학자들은 하나님의 경이로운 세계 속에서 오히려 그를 잃어버렸고, 우리 그리스도인들 또한 하나님의 경이로운 말씀 속에서 오히려 그를 잃어버릴 실제적인 위험에 처해 있습니다. 우리는 하나님이 인격이시라는 사실, 그렇기에 여느 사람처럼 그분과도 관계를 맺을 수 있다는 사실을 거의 잊고 지냅니다. 한 인격 속에는 다른 인격을 알 수 있는 능력이 내재되어 있지만, 그렇다고 단 한 번의 만남으로 온전히 알 수 있는 것은 아닙니다. 오랜 시간 사랑하며 정신적인 교제를 나누어야 비로소 상대방의 온전한 가능성을 탐사할 수 있습니다.

얼핏 스치는 정도의 가장 가벼운 관계부터 사람의 영혼이 경험할 수 있는 가장 온전하고 친밀한 교감에 이르기까지, 모든 사회적 교제는 한 인격이 다른 인격에 반응함으로 이루어집니다. 신앙, 진정한 신앙은 본질적으로 창조된 인격이 창조하신 인격인 하나님께 반응하는 것입니다. "영생은 곧 유일하신 참 하나님과 그가 보내신

자 예수 그리스도를 아는 것이니이다"(요 17:3).

하나님은 인격이십니다. 다른 인격체들처럼 그 능하신 본성의 깊은 곳에서 생각하시고, 의도하시고, 즐거워하시고, 감정을 느끼시고, 사랑하시고, 열망하시고, 고통당하십니다. 인격이라는 친숙한 양태를 유지하시면서 우리에게 자기 자신을 알려 주십니다. 정신과 의지와 감정의 통로를 통해 우리와 소통하십니다. 구속받은 자의 영혼이 하나님과 지속적으로, 아무 거리낌 없이 사랑과 생각을 주고받는 것이야말로 신약성경이 가르치는 신앙의 고동치는 심장입니다.

이처럼 우리 영혼이 하나님과 교제할 때 개인의 의식과 인식을 통해 그 사실을 알게 됩니다. 흔히 말하듯 신자들의 몸인 교회를 통해 알게 되는 것이 아니라 개인이 먼저 아는 것입니다. 그리고 몸을 구성하고 있는 그 개인을 통해 몸이 알게 됩니다. 이 교제는 인식 가능한 것입니다. 의식 저 밑에서 우리도 모르는 사이에 이루어지는 것이 아니라(예컨대 유아세례가 그렇다고 생각하는 이들이 있습니다), 여타의 경험들처럼 우리가 능히 알 수 있는 인식의 영역 안에서 이루어지는 것입니다.

하나님은 크게 가지고 계신 것을 저와 여러분은 작게 가지고 있습니다(죄는 예외입니다). 우리는 하나님의 형상에 따라 지어진 존재이기에 그를 알 만한 역량을 갖추고 있습니다. 죄로 인해 그 능력을 잃었을 뿐입니다. 그러므로 성령이 중생을 통해 우리를 살려 주시면 온 존재로 하나님과 한 가족임을 느끼고 인식하며 기뻐 뛰게 됩니

하나님을 가까이 따르라

다. 이것이 하늘의 출생으로, 이 출생을 거치지 않으면 하나님 나라
를 볼 수 없습니다. 그러나 이것은 끝이 아닌 시작입니다. 이제부터
하나님의 무한한 부요하심에 대한 영광스러운 추구, 마음의 행복한
탐사가 시작됩니다. 이미 말했듯이, 중생은 추구의 출발점입니다.
추구의 종착점에 도달한 자는 아무도 없습니다. 삼위일체 하나님의
두렵고 신비한 깊이는 끝도 없고 한도 없기 때문입니다.

> 끝없는 대양이시여, 누가 주를 측량하리이까?
> 주의 영원하심이 주를 두르고 있나이다.
> 높고 거룩하신 주여!
>
> — 프레더릭 페이버 Frederick W. Faber

하나님을 발견한 후에도 여전히 그분을 추구하는 것이야말로 하나
님을 사랑하는 영혼이 경험하는 역설입니다. 실제로 너무 쉽게 만족
해 버리는 종교인은 그렇게 추구하는 자를 조롱하지만, 불타는 마음
을 가진 자녀는 자신의 행복한 경험을 통해 그 역설의 타당성을 입
증합니다. 성 베르나르 St. Bernard of Clairvaux 는 음악적인 4행시로 이 거룩한
역설을 표현했는데, 하나님을 예배하는 영혼이라면 누구나 즉시 이
말을 이해할 것입니다.

> 오, 산 떡이시여, 주를 맛보았으나

여전히 배불리 먹길 갈망하나이다.
샘의 근원이시여, 주를 마셨으나
한껏 마시고 싶어 목말라하나이다.

과거의 거룩한 성도들을 자세히 살펴보면 하나님을 향한 열망의 열기를 즉시 느낄 수 있습니다. 그들은 하나님을 사모함으로 탄식했고, 때를 얻든지 못 얻든지 밤낮 기도하고 씨름하며 그를 찾았습니다. 그러다가 마침내 하나님을 찾은 순간은 그를 찾았던 시간이 길수록 더 감미로웠습니다. 모세는 이미 하나님을 안다는 사실을 근거 삼아 더 알게 해주시길 구했습니다. "내가 참으로 주의 목전에 은총을 입었사오면 원하건대 주의 길을 내게 보이사 내게 주를 알리시고 나로 주의 목전에 은총을 입게 하시며……"(출 33:13). 더 나아가 "원하건대 주의 영광을 내게 보이소서"라는 대담한 요구도 했습니다(출 33:18). 하나님은 이런 열정의 표현을 노골적으로 기뻐하셨고, 다음날 모세를 산으로 부르셨습니다. 엄숙한 행차를 통해 자신의 모든 영광이 그 앞으로 지나가게 하셨습니다.

다윗의 생애 또한 영적 열망의 세찬 물살이었습니다. 그의 시편들은 찾는 자의 외침과 찾은 자의 환성으로 가득합니다. 바울 역시 그리스도를 향해 타오르는 열망이 자기 삶의 원동력이라고 고백했습니다. 그리스도를 아는 것을 마음의 목표로 삼았고(빌 3:10), 그 목표에 모든 것을 바쳤습니다. "또한 모든 것을 해로 여김은 내 주

하나님을 가까이 따르라

그리스도 예수를 아는 지식이 가장 고상하기 때문이라. 내가 그를 위하여 모든 것을 잃어버리고 배설물로 여김은 그리스도를 얻고 그 안에서 발견되려 함이니"(빌 3:8-9).

찬송가에서도 하나님을 갈망하는 향기를 맡을 수 있습니다. 찬송하는 자는 자신이 이미 하나님을 찾았음을 알면서도 여전히 하나님을 찾습니다. 선조들은 불과 얼마 전까지만 해도 "주의 발자취를 따라 주를 쫓아가리라"라고 노래했지만, 이제는 많은 회중이 모여 그 찬송을 부르는 소리가 들리지 않습니다. 이런 어두운 시대에 성경을 가르치는 자들이 하나님을 향한 추구를 종결지어 버린 것은 참으로 큰 비극입니다. 그리스도를 '받아들이는' accepting (부언하자면 이것은 성경에 나오지 않는 단어입니다) 첫 행위에만 모든 초점을 맞출 뿐, 그 후에도 계속 하나님께 자신을 더 계시해 달라고 갈망하길 바라지 않습니다. 일단 하나님을 찾았으면 더 이상 찾을 필요가 없다고 주장하는 그럴듯한 논리의 덫이 우리를 옭아매고 있습니다. 이것이 정통신앙의 결정적 진술로 제시되고 당연시되는 바람에 성경을 배운 그리스도인들조차 그와 다른 생각을 하지 못합니다. 그리하여 하나님을 예배하고, 찾고, 갈망의 찬송을 부르는 교회의 증언 전체가 간단히 밀려나 버렸습니다. 향기로운 성도의 큰 군대가 고수했던 경험적인 마음의 신학은 거부당하고 있으며, 아우구스티누스 Aurelius Augustinus 나 러더퍼드 Samuel Rutherford , 브레이너드 David Brainerd 같은 이들이 분명 이상하게 여길 교만한 성경 해석이 오히려 지지를 받고 있습니다.

이렇게 냉랭하기 짝이 없는 상황 속에서도 얄팍한 논리에 만족하지 않는 이들이 있다는 사실을 기쁘게 인정하는 바입니다. 이들은 그런 주장이 위세를 떨치고 있음을 알면서도 눈물로 외면한 채 한적한 곳을 찾아 "오, 하나님, 주의 영광을 내게 보이소서"라고 기도합니다. 하나님의 경이를 직접 맛보고, 마음으로 만지며, 내면의 눈으로 보길 소원합니다.

저는 하나님을 향한 이 강력한 갈망을 의도적으로 북돋우고 싶습니다. 그 갈망이 없기 때문에 지금처럼 우리가 저지대에 머물러 있는 것입니다. 그 거룩한 열망이 없기 때문에 지금처럼 우리의 신앙생활이 뻣뻣하고 경직된 것입니다. 자기만족은 모든 영적 성장에 치명적인 적입니다. 간절한 열망이 있어야 합니다. 그 열망이 없으면 그리스도가 백성 앞에 나타나지 않으십니다. 그리스도는 우리가 자신을 소원하길 기다리십니다. 그리스도의 오랜 기다림, 그토록 오랜 기다림이 무색하도록 아직까지도 많은 이들이 그를 갈망하지 않는 것은 너무나 안타까운 일입니다.

세대마다 고유한 특징이 있습니다. 지금 우리는 종교 체계가 복잡하게 구축된 세대에 살고 있습니다. 그리스도 안에 있는 단순성을 찾아보기가 거의 힘듭니다. 관심과 시간은 잡아먹으면서도 마음의 갈망은 절대 채워 주지 못하는 분주한 활동의 세계 및 조직과 방법론, 프로그램이 단순성을 밀어내 버렸습니다. 얄팍한 내적 경험과 공허한 예배, 세상을 비굴하게 모방한 홍보 수단들은 오늘날 우리가 하나님을 온전히 알지 못하며 그의 평강 또한 거의 알지 못한다는 사실을 입증하고 있습니다.

이러한 종교의 외적 형식들 사이에서 하나님을 발견하려면, 그를 발견해야겠다는 결심부터 해야 합니다. 그리고 단순한 길로 나아가야 합니다. 항상 그렇듯이, 하나님은 "지혜롭고 슬기 있는 자들" 앞에서는 캄캄한 어둠 속에 숨으시고 "어린아이들"에게는 자신을 나타내십니다(마 11:25). 하나님께 나아갈 때는 단순하게 나아가야 합니다. 꼭 필요한 것만 남기고(다행히도 꼭 필요한 것은 아주 적습니다) 나머지는 다 버려야 합니다. 사람들에게 잘 보이려는 노력을 포기하고 아이처럼 꾸밈없이 솔직하게 나아가야 합니다. 그러면 속히 응답하실 것이 확실합니다.

신앙의 최종 진술은 하나님 외에 아무것도 필요 없다는 것입니다. 하나님에 '더하여' 다른 것을 구하는 악한 습관이 온전한 계시를 통해 하나님을 발견하지 못하도록 방해하고 있습니다. '더하여'는 큰 화禍를 부르는 말입니다. '더하여'라는 말을 빼 버리는 즉시 하나님을 발견할 것이며, 하나님 안에서 우리의 모든 삶이 은밀히 갈망해 왔던 바를 발견할 것입니다.

하나님만 찾다가 삶이 편협해지거나 마음의 지경을 넓히는 일에 제약이 생길까 봐 두려워할 필요는 없습니다. 오히려 그 반대입니다. 하나님을 전부로 삼고, 하나님 한분께 집중하며, 그분을 위해 많은 것을 바칠 수 있게 됩니다.

영국의 진기한 옛 고전 『무지의 구름』 *The Cloud of Unknowing* 의 저자는 어떻게 하나님만 갈망할 수 있는지 알려 줍니다.

> 부드럽게 솟아나는 사랑으로 여러분의 마음을 하나님께 올려 드리십시오. 그분의 것이 아닌 그분 자신을 바라십시오. 하나님 외에 다른 것을 생각지 않도록 조심하십시오. 그리하여 하나님 외에 어떤 것도 여러분의 슬기와 의지에 작용하지 못하게 하십시오. 이것이 하나님을 가장 기쁘시게 하는 영혼이 하는 일입니다.

또한 그는 기도할 때 모든 것, 심지어 신학까지도 버릴 것을 권합니다. "하나님 외에 다른 이유 없이 오직 그분께 곧장 나아가려는 순전한 의도만 있으면 충분하기 때문"입니다. 이 모든 생각의 저변에는 신약의 진리라는 광대한 토대가 깔려 있습니다. 우리가 나아가려는 "그분"은 "여러분을 만드시고, 값 주고 사시고, 은혜로 지금 그 자리까지 부르신" 분이라고 그는 설명합니다. 그리고 단순성을 전적으로 옹호합니다. "[신앙을] 한 단어로 감싸고 포괄하려면, 그리하여 그 의미를 더 잘 담아내려면, 한 음절로 된 짧은 단어를 택하십시오. 두 음절보다 한 음절이 좋은 것은, 단어가 짧을수록 성령의 일에 더 잘 맞기 때문입니다. '하나님'이나 '사랑'이 바로 그런 단어입니다."

하나님은 이스라엘 각 지파에 가나안 땅을 분배하시면서, 레위 지파에게는 아무것도 주지 않으셨습니다. 하나님 자신이 "네 분깃

이요 네 유업"이라고 하셨습니다(민 18:20). 그 말씀이 레위 지파를 다른 모든 형제들보다, 세상 모든 왕과 귀족들보다 부요하게 만들었습니다. 지존하신 하나님의 모든 제사장에게 여전히 유효한 영적 원리가 바로 이것입니다.

하나님을 자기 보화로 삼는 자는 그 한분 안에서 모든 것을 얻습니다. 다른 많은 평범한 보화는 없을지 모릅니다. 혹시 있더라도 그런 보화에서 얻는 즐거움이 크지 않기에 행복의 필수요소는 되지 못합니다. 설사 그런 보화를 하나씩 잃는다 해도 상실감을 거의 느끼지 못합니다. 모든 것의 근원이신 분을 모시고 있으며, 그 한분 안에서 모든 만족과 모든 즐거움과 모든 기쁨을 얻기 때문입니다. 이처럼 그 한분 안에서 모든 것을 소유하고 있기에, 순결하고 합법적으로 영원히 소유하고 있기에, 무엇을 잃든지 사실은 잃는 것이 아닙니다.

∞

오, 하나님, 주의 선하심을 맛보고 만족했기에 더더욱 목마릅니다. 제게 더 큰 은혜가 필요함을 절실히 느낍니다. 그런데도 제 열망이 부족한 것이 부끄럽습니다. 오, 하나님, 삼위일체 하나님, 주를 소원하길 소원합니다. 갈망으로 채워지길 갈망합니다. 더욱 목마르길 목말라합니다. 구하오니, 제게 주의 영광을 보이사 주를 참으로 알게 하옵소서. 주의 자비하심으로 사랑의 새 일을 제 안에서 시작해 주옵소서. "나의 사랑, 내 어여쁜 자야, 일어나서 함께 가자"고 제 영혼에 말씀해 주옵소서(아 2:10). 그토록 오래 헤매 다니던 이 안개 자욱한 저지대에서 일어나 주를 따라가는 은혜를 주옵소서. 예수의 이름으로 기도합니다. 아멘.

2.   아무것도 소유하지 않는 자의 복

심령이 가난한 자는 복이 있나니 천국이 그들의 것임이요. — 마태복음 5:3

주 하나님은 인간을 만들어 땅에 두시기 전에 유용하고 즐거운 것들로 가득 채워진 세계를 먼저 준비하심으로 인간이 그 세계에서 즐거워하며 살 수 있게 하셨습니다. 창세기의 창조 이야기는 그것을 단순히 '사물'things로 묘사합니다. 인간의 쓸모를 위해 지어진 사물은 항상 인간 밖에 있는 부차적인 것에 불과했습니다. 인간의 마음 깊은 곳에는 오직 하나님만 차지하실 수 있는 성소가 있었습니다. 이처럼 안에는 하나님이 계셨고, 밖에는 하나님이 쏟아부어 주신 많은 선물들이 있었습니다.

그런데 죄가 복잡한 문제들을 끌어들임으로 하나님이 주신 선물들이 오히려 영혼을 망치는 잠재적 원인으로 변질되었습니다. 하나님이 중심의 성소에서 쫓겨나시고 사물이 그 자리를 차지하면서 재앙이 시작되었습니다. 인간의 마음속에서 사물이 우위를 점하게 되었습니다. 하나님이 마음의 보좌에서 밀려나시고 도덕적으로 땅거미가 진 상태에서 완고하고 공격적인 찬탈자들이 보좌의 첫자리를 차지하려고 싸우는 통에, 인간은 태어날 때부터 마음의 평안을 누리지 못하게 되었습니다.

이것은 단순한 비유가 아니라 우리가 실제로 겪고 있는 영적 문제에 대한 정확한 분석입니다. 인간의 마음속에는 소유하려는 본성, 항상 소유하려는 본성을 가진 타락한 삶의 질긴 실뿌리가 있습니다. 인간의 본성은 강렬하고 열렬하게 사물을 탐합니다. '나의'라는 한정사와 '나의 것'이라는 대명사를 활자로만 보면 무해한 것 같지만, 이 말들이 지속적이고 보편적으로 어떻게 사용되는지 보면 아주 의미심장합니다. 수많은 신학 서적보다 이 두 단어가 옛 아담의 실제 본성을 더 잘 보여줍니다. 이것은 우리 속에 있는 심각한 질병의 언어적 증상입니다. 마음의 뿌리는 사물을 향해 뻗어 내렸고, 우리는 혹시라도 죽을까 봐 두려워 잔뿌리 하나 뽑아낼 생각을 하지 못합니다. 사물은 우리에게 없어서는 안 될 것이 되었고, 원래 의도에서 벗어난 새로운 개발품이 되었습니다. 하나님의 선물이 하나님의 자리를 대신 차지해 버렸고, 이 해괴한 대체로 인해 자연의 흐름 전체가 뒤바뀌어 버렸습니다.

주님은 제자들에게 "누구든지 나를 따라오려거든 자기를 부인하고 자기 십자가를 지고 나를 따를 것이니라. 누구든지 제 목숨을 구원하고자 하면 잃을 것이요 누구든지 나를 위하여 제 목숨을 잃으

아무것도 소유하지 않는 자의 복

면 찾으리라"라고 하시면서, 이러한 사물의 독재를 언급하셨습니다(마 16:24-25).

이 진리를 더 잘 이해할 수 있도록 세분해서 말하자면, 우리 각사람 속에는 위험하게 용인되고 있는 원수가 하나 존재하는 것 같습니다. 예수는 그 원수를 "목숨" 또는 "자기"라고 부르셨습니다. **자기 목숨**self-life이라고 할 수도 있습니다. 자기 목숨의 주된 특징은 소유욕입니다. '얻다'와 '유익하다'는 단어를 쓰신 것을 보면 알 수 있습니다(마 16:26 참조). 이 원수가 살아 있도록 허용하면 결국 모든 것을 잃게 됩니다. 그리스도를 위해 거부하고 포기해야 최종적으로 아무것도 잃지 않고 모든 것을 보존한 채 영생에 이를 수 있습니다. 또한 여기에는 이 적을 멸할 수 있는 유일하게 효과적인 방법의 단서가 나오는데, 그것은 바로 십자가입니다. "자기 십자가를 지고 나를 따를 것이니라"(마 16:24).

하나님을 더 깊이 알아 가는 길은 모든 것을 버린 가난한 영혼의 외로운 골짜기 사이에 나 있습니다. 하나님 나라를 소유하는 복 있는 사람은 모든 외적인 것을 거부하고 모든 소유욕을 마음에서 뿌리 뽑은 자입니다. 그들의 심령은 가난합니다. 예루살렘 거리에서 흔히 볼 수 있었던 거지의 외적 상황과 아주 비슷한 내적 상태에 있습니다. 이것이 그리스도가 사용하신 '가난하다'라는 말에 담긴 실제 의미입니다. 이 복되고 가난한 자들은 더 이상 사물의 압제를 받는 노예로 살지 않습니다. 그들은 이미 압제자의 멍에를 깨뜨렸습니다. 싸워서 깨뜨린 것이 아닙니다. 내어놓음으로 깨뜨린 것입니다. 그들은 모든 소유욕에서 놓여났음에도 모든 것을 소유합니다. "천국이 그들의 것임이요."

이 문제를 진지하게 생각해 보기 바랍니다. 전혀 활용하지 않는 다른 교리 더미와 함께 머릿속에 비축해 둘 단순한 성경 가르침 정도로 이해하면 안 됩니다. 이것은 더 푸른 초장에 이르는 길, 하나님의 산 가파른 경사를 깎아 만든 길에 서 있는 표지판입니다. 거룩한 추구를 계속할 마음이 있는 사람은 이 표지판을 감히 무시하지 않을 것입니다. 한 번에 한 걸음씩 나아가야 합니다. 한 걸음을 거부하면 목적지에 이를 수 없습니다.

흔히 그렇듯이, 신약성경에 나오는 이 영적 생활의 원리를 가장 잘 보여주는 실례가 구약성경에 나옵니다. 아브라함과 이삭의 이야기는 팔복 중 첫째 복에 대한 뛰어난 주석인 동시에 내어놓는 삶에 대한 극적인 그림입니다.

이삭을 낳았을 때 아브라함은 할아버지라고 해도 좋을 만큼 나이가 많았습니다. 아이는 즉시 마음의 기쁨과 우상이 되었습니다. 처음 몸을 굽혀 아들의 작은 몸을 어색하게 품에 안은 순간부터 그는 열렬한 사랑의 노예가 되었습니다. 하나님은 이러한 애정의 장점을 밝히고자 특별히 애쓰셨습니다. 그 이유는 쉽게 이해할 수 있습니다. 아기는 아버지가 마음에 신성하게 품고 있던 모든 것, 하나님의 약속과 언약, 오래된 소망, 메시아를 고대하는 오랜 꿈을 대변하는 존재였습니다. 그러나 아기가 자라 청년이 되는 것을 지켜보면서 노인의 마음은 아들의 삶과 더 긴밀히 엮이게 되었고, 그 관계는 마침내 위험한 지경에 이르렀습니다. 그때 하나님이 이 부정한 사랑의 결과에서 부자父子를 구하기 위해 개입하셨습니다.

그는 아브라함에게 말씀하셨습니다. "네 아들 네 사랑하는 독자 이삭을 데리고 모리아 땅으로 가서 내가 네게 일러 준 한 산 거기서 그를 번제로 드리라"(창 22:2). 성경 기자는 그날 밤 브엘세바 근처 비탈에서 하나님과 결판을 내야 했던 노인의 고통을 근접하여 보여 주지 않습니다. 그러나 별이 빛나는 하늘 아래 홀로 엎드린 채 필사적으로 씨름하는 모습을 경외감을 가지고 조심스럽게 상상해 볼 수 있습니다. 아브라함보다 크신 분이 겟세마네 동산에서 씨름하시기 전까지, 이보다 더 치명적인 고통을 겪은 인간은 다시 없을 것입니다. 아마 자신이 대신 죽을 수만 있었다면 기꺼이 그렇게 했을 것입니다. 그는 이미 늙었고, 그토록 오래 하나님과 동행해 온 인물에게 죽음은 그리 큰 시련이 아니었기에 그 편이 수천 배 더 수월했을 것입니다. 더욱이 자신의 혈통을 이어 나갈 아들, 오래전 자신이 갈대아 우르에서 받았던 하나님의 약속을 성취해 나갈 건장한 아들의 모습을 흐릿해지는 눈으로 바라보는 것은 마지막 달콤한 기쁨이 되었을 것입니다.

그 아이를 어떻게 죽이겠습니까! 자신의 상처받은 마음, 저항하는 마음은 어찌어찌 수습한다고 해도 "이삭에게서 나는 자라야 네 씨라 칭할 것임이니라"라는 약속은 어떻게 되는 것입니까? 이처럼 아브라함은 불같은 시련을 받았습니다. 그러나 그 시련의 도가니 속에서 넘어지지 않았습니다. 별빛이 희고 날카로운 칼끝처럼 이삭이 잠든 장막 위를 겨누고 있는 동안, 어스름한 새벽빛이 동편을 밝히기 훨씬 전에 늙은 성도는 마음을 정했습니다. 하나님이 명하신 대로 아들을 바치기로, 하나님이 그를 죽은 자 가운데서 살리실 것을 믿기로 한 것입니다. 히브리서 기자는 이것이야말로 아브라함이 그 어두운 밤의 고뇌를 통해 찾아낸 해결책이었다고 말합니다. 그는 "아침에 일찍이" 일어나 계획을 실행에 옮겼습니다(창 22:3). 하나님의 방법은 오해했지만, 하나님의 위대한 마음속에 있는 비밀을 정확히 감지해 낸 것은 참으로 아름다운 일입니다. 그가 찾아낸 해결책은 "누구든지 나를 위하여⋯⋯잃으면 찾으리라"는 신약성경의 말씀과 그대로 일치합니다(마 16:25).

노인의 고통이 더 이상 물러설 곳 없는 극한에 달했을 때, 하나님은 아들에게 손을 대지 말라고 명하셨습니다. 영문 몰라 하는 족장에게 그가 하신 말씀의 요지는 이것입니다. "아브라함아, 이제 됐다. 난 그 아이를 정말 죽이려 했던 것이 아니다. 다만 그 아이를 네 마음의 성전에서 끌어냄으로써 아무 도전 없이 널 다스리려 했을 뿐이다. 난 네 사랑의 왜곡된 부분을 바로잡아 주고 싶었다. 이제야말로 너는 아이를 건전하고 합당하게 거느릴 수 있을 것이다. 아이를 데리고 네 장막으로 돌아가라. 네가 네 아들, 네 독자까지도 내게 아

아무것도 소유하지 않는 자의 복

끼지 아니하였으니 내가 이제야 네가 하나님을 경외하는 줄을 아노라"(창 22:12 참조).

그리고 하늘이 열리면서 들려온 음성은 이것이었습니다.

내가 나를 가리켜 맹세하노니 네가 이같이 행하여 네 아들 네 독자도 아끼지 아니하였은즉 내가 네게 큰 복을 주고 네 씨가 크게 번성하여 하늘의 별과 같고 바닷가의 모래와 같게 하리니 네 씨가 그 대적의 성문을 차지하리라. 또 네 씨로 말미암아 천하 만민이 복을 받으리니 이는 네가 나의 말을 준행하였음이니라(창 22:16-18).

늙은 하나님의 사람은 이 음성을 듣고 고개를 들었습니다. 강하고 정결하며 위엄 있는 자로, 주께 특별한 대접을 받는 자로, 지극히 높으신 분이 가장 사랑하시는 벗으로 우뚝 섰습니다. 전부 내어놓은 자, 완전히 순종한 자, 아무것도 소유하지 않은 자가 되었습니다. 이제껏 사랑하는 아들에게 모든 것을 집중했는데, 하나님이 가져가 버리셨습니다. 삶의 주변부에서 시작하여 중심으로 파고들어 가실 수도 있었습니다. 그러나 곧장 마음을 찔러 단번의 날카로운 칼질로 베어 내는 쪽을 택하셨습니다. 그럼으로써 방법과 시간을 절약하셨습니다. 그것은 지독히 아팠지만 효과가 있었습니다.

저는 아브라함이 아무것도 소유하지 않았다고 했습니다. 하지만 이 가난한 자는 부자가 아니었습니까? 그는 이전에 가졌던 모든 것,

양과 낙타와 가축과 온갖 물건을 여전히 누렸습니다. 아내와 친구들이 있었고, 무엇보다 아들 이삭이 곁에 안전하게 있었습니다. 이처럼 모든 것을 가지고 있었는데도 아무것도 소유하지 않았습니다. 여기에 영적인 비밀이 있습니다. 포기의 학교에서만 배울 수 있는 감미로운 마음의 신학이 있습니다. 조직신학 서적들은 이를 간과하나 지혜로운 자는 이해할 것입니다.

쓰라리지만 복된 이 경험을 한 후에, 아브라함에게는 '나의' 또는 '나의 것'이라는 단어의 의미 자체가 달라졌을 것입니다. 소유라는 말에 함축된 의미 자체가 마음에서 사라져 버렸을 것입니다. 사물은 영원히 쫓겨났습니다. 외적인 것이 되었습니다. 속마음에 들어오지 못했습니다. 세상이 "아브라함은 부자야"라고 할 때, 늙은 족장은 그저 빙긋이 웃을 뿐이었습니다. 자신은 아무것도 소유하지 않았다는 사실, 자신의 진정한 보화는 내적이고 영원한 것이라는 사실을 설명할 수는 없었지만 알고 있었습니다.

이처럼 사물에 집착하는 소유욕은 삶의 가장 해로운 습관 중 하나인 것이 분명합니다. 소유욕은 자연스러운 것이기에, 그 폐해를 제대로 알아채는 경우가 드뭅니다. 그러나 그 결과는 참담합니다.

우리는 보화가 안전하지 못할까 봐 두려워 주님께 맡기길 주저할 때가 많습니다. 그 보화가 사랑하는 가족이나 친구일 때는 특히 더 그렇습니다. 그러나 두려워할 필요가 없습니다. 주님은 멸하러 오신 분이 아니라 구원하러 오신 분입니다. 주님께 맡기는 것이 오

　　　　　　　　　　　　　아무것도 소유하지 않는 자의 복

히려 안전하고, 맡기지 않는 것이 사실은 안전치 못합니다.

은사와 재능도 주님께 드려야 합니다. 그 자체가 하나님이 빌려 주신 것임을 인정하고, 절대 자기 것으로 여기면 안 됩니다. 푸른 눈이나 강한 근육을 자랑하면 안 되는 것 그 이상으로 특별한 재능도 자랑하면 안 됩니다. "누가 너를 남달리 구별하였느냐. 네게 있는 것 중에 받지 아니한 것이 무엇이냐"(고전 4:7).

자기 자신을 조금이라도 알 만큼 살아 있는 그리스도인은 소유욕이라는 이 질병의 증상을 알아볼 것이며, 자기 마음에 그 증상이 나타날 때 탄식할 것입니다. 하나님을 향한 갈망이 충분히 강렬한 자일수록 그 문제에 대해 대책을 세우고 싶어 할 것입니다. 자, 그렇다면 무엇을 해야 할까요?

첫째, 모든 방어막을 치우고 자기 앞에서나 주님 앞에서나 변명할 생각을 하지 말아야 합니다. 스스로 방어하면 다른 이가 방어해 주지 않습니다. 방어막 없이 나아가야 친히 방어해 주십니다. 자신을 살피는 그리스도인은 기만적인 마음의 모든 교묘한 속임수를 짓밟고, 주님과 자신의 관계에서 숨김없이 솔직하길 고집할 것입니다.

그다음으로, 이것이 거룩한 일임을 기억해야 합니다. 무심하고 가벼운 태도로는 충분히 대처할 수 없습니다. 하나님의 응답을 받겠다는 굳은 결심으로 나아가야 합니다. 나의 전부를 받아 달라고, 내 마음에서 사물을 몰아내시고 능력으로 친히 다스려 달라고 강청해야 합니다. 구체적으로 사물과 사람의 이름을 하나씩 지목할 수도 있습니다. 과감히 그렇게 한다면 몇 년 걸릴 수고를 단 몇 분으로 줄일 수 있으며, 자기 감정을 달래 가며 조심스럽게 하나님을 대하길 고집하느라 꾸물거리는 형제들보다 훨씬 더 빨리 아름다운 땅에 들어갈 수 있습니다.

이런 진리는 자연과학에 속한 사실들을 배울 때처럼 기계적으로 배울 수 없다는 점을 꼭 기억합시다. **이런 진리를 참으로 알려면 경험을 해야 합니다.** 혹독하고 쓰라린 경험 후에 아브라함에게 임한 축복을 알고 싶다면, 우리도 마음으로 같은 경험을 해야 합니다. 오래된 저주는 고통 없이 사라지지 않습니다. 우리 안에 살고 있는 늙고 포악한 수전노는 우리가 명령한다고 가만히 드러누워 죽음을 맞이하지 않습니다. 땅에서 나무를 파내듯 마음에서 파내야 합니다. 잇몸에서 이를 뽑아내듯 피가 나도록 아프게 뽑아내야 합니다. 그리스도가 성전에서 돈 바꾸는 자들을 쫓아내신 것처럼 완력으로 쫓아내야 합니다. 불쌍하게 애걸하는 소리에 넘어가지 않도록 마음을 단단히 먹어야 하며, 그것이 가장 책망받을 마음의 죄 가운데 하나인 자기 연민에서 나오는 소리임을 알아채야 합니다.

진심으로 하나님을 알고 싶고 더 가까워지고 싶다면 이 포기의 길을 가야 합니다. 하나님을 추구하기로 결심한 사람은 조만간 이 시험을 거칠 것입니다. 아브라함은 당시에 자신이 이 시험을 거치고 있음을 몰랐습니다. 그러나 그가 다른 길을 택했다면 구약성경 역사 전체가 달라졌을 것입니다. 하나님은 분명 자기 사람을 따로 찾아

아무것도 소유하지 않는 자의 복

내셨겠지만, 아브라함은 말할 수 없이 참담한 상실을 겪었을 것입니다. 언제인지 모르나 우리도 이처럼 한 사람씩 시험의 장소에 이를 것입니다. 그 장소에는 여러 선택의 가능성이 주어지지 않을 것이며—둘 중 하나만 택해야 할 것입니다—우리의 모든 미래는 그 선택에 따라 달라질 것입니다.

∞

아버지, 아버지를 알고 싶지만 제 비겁한 마음은 장난감을 놓길 두려워합니다. 그것을 버리려면 속에서 피가 나야 하는데, 그렇게 하기가 두려운 마음을 숨김없이 고백합니다. 떨리지만, 그래도 주 앞에 나아갑니다. 제가 그토록 오랫동안 애지중지하던 모든 것, 살아 있는 제 자아의 일부가 되어 버린 모든 것을 뿌리 뽑으사, 아무 경쟁자 없이 제 마음에 들어와 거하여 주옵소서. 당신의 발을 두신 이곳을 영화롭게 하옵소서. 그러면 주가 친히 빛이 되시기에 제 마음을 비출 태양이 따로 필요 없을 것이며, 밤이 다시 오지 않을 것입니다. 예수의 이름으로 기도합니다. 아멘.

3.   휘장을 제하라

그러므로 형제들아, 우리가 예수의 피를 힘입어 성소에 들어갈 담력을 얻었나니.
— 히브리서 10:19

교부들이 남긴 여러 유명한 말 중에 가장 잘 알려진 것은 아우구스티누스의 말입니다. "주를 위해 우리를 만드셨으니, 주 안에서 쉼을 찾기까지 우리 마음 쉬지 못하나이다."

이 위대한 성도는 몇 안 되는 단어로 인류의 기원과 내면의 역사를 알려 줍니다. 하나님은 자신을 위해 우리를 지으셨습니다. 인간이 통제되지 않은 이성으로 무슨 말을 하든 상관없이, 사고하는 인간의 마음을 만족시켜 주는 설명은 오직 이것뿐입니다. 잘못된 교육과 왜곡된 추론으로 다른 결론을 내리는 자를 위해 그리스도인이 해줄 수 있는 일은 거의 없습니다. 저 또한 그런 자에게는 전할 메시지가 없습니다. 제 호소의 대상은 하나님의 지혜로 이미 은밀하게 가르침을 받은 자들입니다. 저는 하나님이 내면을 만지심으로 갈망을 일깨워 주신 이들의 갈급한 심령을 향해 말하고 있습니다. 이 사실을 증명해 줄 합리적인 증거는 따로 필요치 않습니다. 사람들의 쉬지 못하는 마음 자체가 필요한 모든 증거를 제공해 줍니다.

하나님은 자신을 위해 우리를 만드셨습니다. 옛 『뉴 잉글랜드 입문서』*New England Primer*에 나오듯이 "성직자 회의가 웨스트민스터에서 합의한" 소요리문답은 아주 오래된 질문인 **무엇**과 **왜**를 물은 다음, 영감받지 않은 글은 거의 필적할 수 없는 단문으로 그 대답들을 제시합니다. "질문: 인간의 최대 목적은 무엇입니까? 대답: 인간의 최대 목적은 하나님을 영화롭게 하고 영원토록 그를 즐거워하는 것입니다." 영존하시는 하나님 앞에 엎드려 경배한 24명의 장로도 이에 동의하며 말합니다. "우리 주 하나님이여, 영광과 존귀와 권능을 받으시는 것이 합당하오니 주께서 만물을 지으신지라. 만물이 주의 뜻대로 있었고 또 지으심을 받았나이다"(계 4:11).

하나님은 자신의 기쁨을 위해 우리를 만드셨고, 그럼으로써 하나님뿐 아니라 우리도 신령하게 교통하며 한 가족의 감미롭고 신비로운 교제를 누리게 하셨습니다. 그는 자신을 바라보고, 자신과 함께 살며, 자신의 미소에서 생명을 얻도록 우리를 지으셨습니다. 그러나 우리는 사탄과 그의 군대를 묘사한 밀턴의 말처럼 "더러운 반역"의 죄를 지었습니다. 하나님과 우리의 관계는 깨져 버렸습니다. 더 이상 하나님께 순종하지도, 하나님을 사랑하지도 않게 되었습니다. 죄책감과 두려움으로 가능한 한 그 앞에서 멀리 도망쳐 버렸습니다.

그러나 "하늘과 하늘들의 하늘이라도 주를 용납하지 못하겠거든" 누가 그 앞에서 도망칠 수 있겠습니까?(왕상 8:27) 솔로몬의 지혜서가 증언하듯이 "주의 영이 세상을 채우고 있거든" 누가 도망칠 수 있겠습니까? 무소부재는 하나님의 한 가지 특징이자 그의 완전함을 이루는 중대한 요소입니다. 임재는 하나님의 또 다른 특징으로, 하나님이 임재하실 때 우리는 그 앞에서 도망쳐 아담처럼 동산 나무 사이에 숨거나 베드로처럼 "주여, 나를 떠나소서. 나는 죄인이로소이다"라고 소리치며 뒷걸음질 치게 됩니다(눅 5:8).

이 땅 위의 삶은 하나님의 임재에서 멀어진 삶, 우리가 거해야 할 옳고 바른 자리인 "지복의 중심"에서 떨어져 나온 삶입니다. 우리는 처음 얻은 땅을 지키지 못했고, 그 상실이 끊임없는 불안의 원인으로 작용하고 있습니다.

하나님의 모든 구속 사역은 그 더러운 반역의 참담한 결과를 무위로 돌리고, 다시 하나님과 바르고 영원한 관계를 맺게 하는 것입니다. 그러려면 우리 죄가 만족스럽게 처리되고, 완전한 화해가 이루어지며, 우리가 다시 하나님과 교통함을 인식할 수 있는 길이 열려 전처럼 하나님의 임재 안에 살 수 있어야 합니다. 하나님은 우리 안에서 먼저 일하심으로 우리를 돌아오게 만드십니다. 쉬지 못하는 우리 마음에 하나님의 임재를 바라는 갈망이 생길 때, 우리는 하나님의 첫 번째 역사가 일어난 것을 알아채고 '일어나 아버지께 가야겠다'고 생각하게 됩니다. 이것이 첫 걸음으로, 중국의 현인 노자가 말했듯이 "천 리 길도 한 걸음부터" 시작됩니다.

죄의 광야에서 하나님의 임재를 누리는 곳으로 나아가는 영혼의 내적 여정에 대한 아름다운 실례를 구약의 성막에서 찾아볼 수 있습니다. 돌아온 죄인은 먼저 바깥뜰에 있는 놋 제단에서 피 제사를 드린 후, 가까이 있는 물두멍에서 몸을 씻었습니다. 그리고 휘장을 지나 성소 안으로 들어갔습니다. 성소는 세상의 빛이신 예수를 가리키는 금등대의 은은한 빛 외에 어떤 자연의 빛도 들어올 수 없는 곳이었습니다. 또한 성소에는 생명의 떡이신 예수를 가리키는 진설병과 끊임없는 기도의 상징인 향단이 있었습니다.

예배자는 많은 것을 누렸지만, 하나님의 임재가 있는 곳까지는 들어가지 못했습니다. 또 다른 휘장이 지성소를 가리고 있었는데, 그 지성소 안 속죄소 위에 하나님이 친히 두렵고 영광스럽게 나타나 거하셨습니다. 성막이 서 있는 동안, 오직 대제사장만 일 년에 한 번 자신과 백성의 죄를 위해 피를 가지고 지성소에 들어갈 수 있었습니다. 그런데 주님이 갈보리에서 숨을 거두실 때 바로 그 마지막 휘장이 찢어졌습니다. 성경 기자는 이 휘장이 찢어짐으로 세상에서 예배드리는 모든 자가 거룩한 임재 앞에 곧장 나아갈 수 있는 "새로운 살 길"이 열렸다고 설명합니다(히 10:20).

신약성경의 모든 일은 구약성경의 그림과 그대로 일치합니다. 구속받은 자는 이제 지성소에 들어가길 두려워하며 주저할 필요가 없습니다. **하나님은 우리가 그의 임재가 있는 곳으로 밀고 들어오길 원하시며 평생 그 앞에서 살길 원하십니다.** 우리는 인식 가능한 경험을 통해 이 사실을 알아야 합니다. 이것은 우리가 고수해야 할 교리를 넘어, 매일 매순간 누려야 할 삶입니다.

임재의 불꽃은 레위기에 나오는 율법 체제의 약동하는 심장이었습니다. 임재의 불꽃이 없었다면 성막의 모든 직책은 그저 모르는 언어로 된 문자, 이스라엘에게나 우리에게나 아무 의미 없는 문자에 불과했을 것입니다. 성막의 가장 위대한 점은 '여호와가 거기 계신다'는 것이었습니다. 휘장 너머 하나님의 임재가 기다리고 있다는 것이었습니다.

마찬가지로 하나님의 임재는 기독교의 중심입니다. 기독교 메시지의 핵심은 하나님께서 구속받은 자녀들이 의식하고 인식할 수 있는 그분의 임재가 있는 곳으로 들어오길 친히 기다리신다는 것입니다. 요즘 유행하는 기독교는 하나님의 임재를 이론으로만 압니다. 여전히 유효한 그리스도인의 특권을 강조하지 않습니다. 우리가 신분상 하나님 앞에 있다는 사실은 가르치지만, 그의 임재를 실제로 경험해야 한다는 말은 전혀 하지 않습니다. 맥체인[Robert Murray McCheyne] 같은 인물을 움직였던 불같은 충동을 찾아볼 수가 없습니다. 현 세대의 그리스도인들은 이처럼 불완전한 잣대로 자신을 평가하고 있습니다. 얄팍한 만족감이 타오르는 열정을 대체해 버렸습니다. 대부분 법적인 소유에만 만족하며, 그것을 직접 누리지 못한다는 사실에는 거의 신경을 쓰지 않습니다. 불같은 모습으로 휘장 안에 거하시는 분이 누구입니까? 하나님이십니다. "한분 하나님, 전능하신 아버지, 하늘과 땅과 보이는 것과 보이지 않는 것을 창조하신 분"입니다. "한분이신 주 예수 그리스도, 하나님의 독생자, 온 세계가 창조되기 전 성부에게서 나신 분, 하나님에게서 나신 하나님, 빛에서 나신 빛, 참 하나님에게서 나신 참 하나님, 창조되지 않고 나신 분, 성부와 한 본체本體이신 분"입니다. "주님이시요 생명을 주시는 성령, 성부와 성자에게서 나오신 분, 성부와 성자와 함께 경배받으시고 영광받으시는 분"입니다.* 그러면서도 삼위 하나님은 한분 하나님이십니다.

> 우리는 삼위일체의 하나님, 삼위로 계시나 하나이신 하나님을 믿는다. 위격位格을 혼동하지 말 것이며, 본체를 나누지도 말 것이다. 성부의 위격이 다르고, 성자의 위격이 다르고, 성령의 위격이 다르다. 그러나 성부와 성자와 성령의 하나님되심은 동일하다. 영광이 같으시고 위엄도 똑같이 영원하시다.**

이것은 고대 신경信經을 일부 인용한 것으로서, 영감받은 성경 말씀도 이와 똑같이 선포하고 있습니다. 이 하나님이 휘장 너머에 계신데도 세상이 "더듬어 찾아 발견"해야 할 것처럼 느끼는 것은 이상한 모순입니다(행 17:27). 하나님은 자연을 통해서도 어느 정도 자신을 나타

---

* 「니케아 콘스탄티노플 신경」 중에서.
** 「아타나시우스 신경」 중에서.

내셨지만, 성육신을 통해 더 완전히 나타내셨습니다. 그리고 겸손한 영혼과 청결한 마음을 가진 자들에게 황홀할 정도로 충만하게 자신을 보여주고자 기다리고 계십니다.

세상은 하나님을 아는 지식이 없어 망해 가고 있으며, 교회는 그의 임재가 없어 굶주리고 있습니다. 신앙의 질병 대부분을 즉시 치료할 수 있는 방법은 그의 임재가 있는 곳으로 들어가는 영적인 경험을 하는 것이요, 우리가 하나님 안에 있고 하나님이 우리 안에 계심을 홀연히 깨닫는 것입니다. 그러면 딱하기 그지없는 편협함에서 벗어나 마음이 확장될 것입니다. 떨기나무 불꽃에 벌레와 균이 살라지듯 우리 삶의 불순물이 살라질 것입니다.

이 하나님, 우리 주 예수 그리스도의 아버지는 우리가 거닐 한없이 넓은 세계요 헤엄칠 바다입니다! 하나님은 영원하십니다. 시간에 앞서 계시며, 시간에서 전적으로 자유로우십니다. 시간은 하나님 안에서 시작되었고 하나님 안에서 끝날 것입니다. 그는 시간에 고개 숙이지 않으시며 시간이 흐른다고 변하지 않으십니다.

그는 불변하십니다. 하나도 변하지 않으셨고 조금도 변하실 수 없습니다. 변하려면 좋았다가 나빠지거나 나빴다가 좋아져야 합니다. 하나님은 그러실 수 없습니다. 이미 완전하시기에 더 완전해지실 수 없습니다. 덜 완전하시다면 하나님이라고 할 수 없습니다.

그는 전지하십니다. 모든 물질과 모든 영, 모든 관계, 모든 사건을 힘들이지 않고 자유롭게, 단번에 아십니다. 하나님께는 과거도 없고 미래도 없습니다. 언제나 '현재'로 존재하십니다. 피조물에게 쓰는 제한적이고 한정적인 용어들은 하나님께 해당되지 않습니다.

사랑과 자비와 의는 그의 것입니다. 또한 거룩함은 사람의 말로 설명할 수 없는 것으로서, 어떤 비교나 비유로도 표현이 불가능합니다. 오직 불만 그 개념을 희미하게 보여줄 뿐입니다. 하나님은 떨기나무 불꽃 가운데 나타나셨고, 광야를 지나는 오랜 세월 내내 불기둥에 거하셨습니다. 이스라엘이 누린 영광의 시대에 성소 그룹 날개 사이에서 빛나던 불은 쉐키나^{Shekinah}, 즉 하나님의 임재라고 불렸습니다. 옛 언약이 새 언약에 자리를 내주었을 때에도 하나님은 오순절 불꽃으로 임하여 각 제자 위에 머무셨습니다.

스피노자$^{Baruch\ Spinoza}$는 하나님의 지적인 사랑에 대해 글을 썼는데, 그 말도 어느 정도는 맞습니다. 그러나 최고의 사랑은 지적인 것이 아니라 영적인 것입니다. 하나님은 영으로, 오직 영으로만 참으로 알 수 있습니다. 영의 깊은 곳에서 불길이 타올라야 합니다. 그렇지 않으면 하나님을 정말 사랑하는 것이 아닙니다. 하나님 나라에서 큰 자는 누구보다 더 하나님을 사랑한 자입니다. 우리 모두 그런 자들을 알며, 그들이 바친 헌신의 깊이와 진지함에 기꺼이 경의를 표합니다. 잠시만 멈추어 살펴보아도 그들의 이름이 상아궁의 몰약과 침향과 계피의 향기를 풍기며 무리 지어 우리 앞을 지나갑니다.

프레더릭 페이버는 사슴이 시냇물을 찾기에 갈급함같이 하나님을 찾기에 영혼이 갈급했던 사람이었습니다. 하나님이 그의 갈망하는 마음에 자신을 크게 계시해 주심으로 그 선한 자의 온 삶은 보좌 앞에 선 스랍들의 경배에 필적하는 뜨거운 경배로 타올랐습니다. 그는 삼위 하나님을 똑같이 사랑했습니다. 삼위 하나님께 각각 특별한 사랑을 느꼈던 것 같습니다. 그는 다음과 같이 성부 하나님을 노래합니다.

> 그저 앉아서 하나님을 생각하는 것,
> 오, 얼마나 큰 기쁨인지!
> 주를 생각하고 주 이름 속삭이는 것보다
> 더한 복 이 땅에 없나이다.
> 예수의 아버지, 사랑의 상급이시여!
> 주의 보좌 앞에 엎드려
> 주를 보고 또 보면
> 얼마나 황홀할까요!

그리스도를 향한 사랑도 그를 삼켜 버릴 만큼 강렬했습니다. 그 사랑이 감미롭고 거룩한 광기처럼 그의 속에서 타올랐고, 불에 녹아내린 금처럼 그의 입술에서 흘러나왔습니다. 그는 이렇게 설교합니다.

하나님의 교회 어디를 보든 예수가 계십니다. 우리에게 그는 모든 것의 시작이요 중간이요 끝입니다.……그의 종들이 보기에 선하지 않은 부분, 거룩하지 않은 부분, 아름답지 않은 부분, 기쁘지 않은 부분이 전혀 없습니다. 이제는 아무도 가난할 필요가 없습니다. 원하는 자는 누구나 예수를 자기 재산과 소유로 모실 수 있기 때문입니다. 아무도 낙심할 필요가 없습니다. 천국의 기쁨이신 예수의 기쁨이 그의 슬픈 마음에 흘러들어 갈 것이기 때문입니다. 다른 많은 것은 과장할 수 있어도 예수께 대한 우리의 의무나 우리를 향한 예수의 긍휼 넘치는 사랑의 풍성함은 과장할 수가 없습니다. 평생 예수에 대해 이야기해도 그 감미로운 것을 다 말할 수 없습니다. 그에 대한 모든 것을 배우고 그가 행하신 모든 일을 찬양하려면 영원도 부족할 것입니다. 그러나 괜찮습니다. 우리는 항상 그와 함께 있을 것이기 때문입니다. 우리는 그 이상 바랄 것이 없습니다.

또한 그는 주님께 직접 아룁니다.

제가 주를 어찌 사랑하는지
이 기쁨 가늘 길이 없나이다.
주의 사랑 불길처럼
제 영혼 속에 타오르나이다.

페이버의 불타는 사랑은 성령께도 바쳐집니다. 그는 성령이 하나님이시며 성부, 성자와 온전히 동등하신 분이라는 사실을 신학적으로 인정했을 뿐 아니라 노래와 기도로 끊임없이 기렸습니다. 제3위를 간절하고 열렬하게 경배하다가 문자 그대로 땅에 머리를 대고 엎드리기도 했습니다. 그는 성령께 드리는 위대한 찬송에서 자신의 타오르는 헌신의 마음을 다음과 같이 압축적으로 표현합니다.

오, 아름답고 두려우신 성령이여!
우리 불쌍한 죄인을 향한
당신의 모든 부드러운 사랑으로
제 가슴 터질 듯하나이다.

제가 말하고 싶은 사실, 즉 '하나님은 참으로 놀라우신 분이요 순전하고 완전하게 기뻐할 만한 분이기에 다른 것 없이도 우리 본성 전체, 신비롭고 깊은 본성 전체의 가장 깊은 요구를 차고 넘치게 채워 주실 수 있다'는 사실을 보여주는 적절한 예를 들기 위해 지루함을 무릅쓰고 길게 인용했습니다. 교리로만 하나님을 아는 자는 페이버가 알았던 예배를 결코 알 수 없습니다(사실 그는 이런 예배를 알았던 셀 수 없이 많은 무리 중 한 사람에 불과합니다). 하나님을 향한 사랑으로 "터질 듯"한 마음은 하나님의 임재 안에서 그 거룩한 위엄을 열린 눈으로 본 자들만 가질 수 있는 마음입니다. 그렇게 터질 듯한 마음을 가졌던 자들에게는 여느 사람이 알지도 못하고 이해하지도 못할 특질이 한 가지 있었습니다. 그들은 늘 영적인 권위를 가지고 이야기했습니다. 하나님의 임재를 경험했고, 그 앞에서 자신이 본 것을 전했습니다.

그들은 서기관이 아닌 선지자였습니다. 서기관은 읽은 것을 말하지만, 선지자는 본 것을 말합니다. 그것은 가상의 차이가 아닙니다. 읽은 것만 있는 서기관과 본 것이 있는 선지자 사이에는 바다처럼 큰 차이가 있습니다. 오늘날 정통신앙을 가진 서기관들은 넘쳐나지만, 선지자는 어디 있습니까? 서기관의 딱딱한 음성이 복음주의 세계를 뒤덮고 있는 상황에서, 교회는 휘장을 뚫고 들어가 내면의 눈으로 하나님의 경이로움을 바라본 성도의 부드러운 음성을 기다리고 있습니다. 이렇게 휘장을 뚫고 들어가는 것, 거룩한 임재를 민감하고 생생하게 경험하는 것은 하나님의 모든 자녀에게 주어진 특권입니다.

예수께서 그 몸을 찢으심으로 휘장을 제하셨고 하나님 편에서 우리가 나아가지 못하도록 막는 것이 하나도 없는데, 왜 우리는 밖에서 지체하는 것일까요? 왜 평생 지성소 밖에 머무는 데 동의하며 안으로 들어가 하나님을 보려 하지 않는 것일까요? 신랑은 말씀하십니다. "내가 네 얼굴을 보게 하라. 네 소리를 듣게 하라. 네 소리는 부드럽고 네 얼굴은 아름답구나"(아 2:14). 우리는 그 부르심이 우리를 향한 것임을 느끼면서도 여전히 가까이 나아가지 않습니다. 그렇게 세월이 흐르고 나이가 들도록 성막 바깥뜰에 머물며 지쳐 갑니다. 대체 무엇이 우리를 가로막는 것일까요?

휘장을 제하라

단지 "냉랭하기 때문"이라는 평범한 대답으로는 모든 상황을 설명할 수 없습니다. 냉랭한 마음보다 더 심각한 문제, 그 냉랭함의 원인이 되는 문제가 있습니다. 그것이 무엇입니까? 우리에게 **마음의 휘장**이 있다는 것 아닙니까? 첫 휘장과 달리 여전히 그 자리에 남아 빛을 막고 하나님의 얼굴을 가리는 휘장이 있다는 것 아닙니까? 그 휘장은 우리 안에 있는 심판받지 않은 본성, 십자가에 못 박히거나 거부당한 적 없이 여전히 살아 있는 육신의 타락한 본성입니다. 한 번도 진심으로 인정해 본 적 없는 자기 목숨, 속으로 부끄럽게 여겨 온 자기 목숨, 그래서 한 번도 십자가 심판의 자리로 가져가 본 적 없는 자기 목숨이야말로 촘촘히 짜인 마음의 휘장입니다. 이 불투명한 휘장은 그리 불가사의하거나 알아보기 힘든 것이 아닙니다. 우리 마음속을 들여다보기만 하면 꿰매고 깁고 수선했을지언정 엄연히 존재하는 삶의 원수, 영적 진보의 실질적인 걸림돌을 발견하게 됩니다.

이 휘장은 아름다운 것이 아니며, 흔히 언급하고 싶어 하는 주제가 아닙니다. 그러나 저는 지금 하나님을 따르기로 결심한 갈급한 영혼들에게 이야기하고 있으며, 그런 영혼들은 잠시 컴컴한 언덕을 지나가야 한다고 해서 뒤돌아서지 않을 것을 알고 있습니다. 하나님이 그들 안에 주신 충동이 있기에 계속해서 추구해 나갈 것이 분명합니다. 아무리 불쾌해도 사실을 직면할 것이며, 앞에 있는 즐거움을 위해 십자가를 참을 것입니다. 그러므로 저는 내면의 휘장을 이루고 있는 실들을 담대히 지적하고자 합니다.

이 휘장은 자기 목숨의 실, 인간 정신의 죄들로 촘촘히 이어진 가느다란 실로 짜여 있습니다. 그것은 우리의 **행동**이 아니라 우리의 **존재**로서, 그렇기 때문에 정교하고 강력합니다.

구체적으로 말해서 자아의 죄란 자기 의와 자기 연민, 자기 확신, 자기 충족, 자기 찬탄, 자기 사랑 및 그 비슷한 것들입니다. 그것들은 우리 안에 깊이 자리 잡고 있을 뿐 아니라 우리 본성의 일부로 너무나 익숙해져 있기 때문에 하나님의 빛이 바로 그 위를 비추기 전까지는 주목해서 보기가 어렵습니다. 기독교 지도자들, 나무랄 데 없는 정통신앙을 가진 지도자들조차 이 죄들의 더욱 심각한 증상인 이기주의와 자기 노출, 자기 과시를 용인하는 것을 보면 이상합니다. 이런 증상이 많은 이들에게 실제로, 명백하게 나타나는 바람에 복음 자체가 그런 것인 양 오해받고 있습니다. 요즘 가시적인 교회의 일각에서는 오히려 그런 것이 인기의 필수조건으로 등장하고 있다고 말해도 냉소적인 관찰은 아니리라 믿습니다. 그리스도를 높이는 척하면서 자신을 높이는 경우가 워낙 흔해서 일일이 주목하기조차 힘들 정도입니다.

사람들은 인간이 타락했다는 교리와 오직 그리스도의 의로 의롭다 하심을 얻어야 한다는 교리를 제대로 가르치면 자아의 죄가 휘두르는 권세에서 벗어날 수 있다고 생각하는데, 사실은 그렇지 않습니다. 제단 위에서조차 자아는 책망받지 않고 살아 있을 수 있습니다. 주님이 희생물이 되어 피 흘리시는 것을 보면서도 아무 영향을 받지 않을 수 있습니다. 그 상태에서 종교개혁자들이 전한 믿음을 위해 싸울 수도 있고, 은혜로 구원받는다는 신앙고백을 유창하게 설교할 수도 있으며, 자기 노력으로 강해질 수도 있습니다. 사실상 자아는 정통신앙을 먹고 자라는 것 같습니다. 자아는 술집보다 사경회를 더 편하게 느낍니다. 하나님을 갈망하는 상태 자체가 자아가 번성하고 자라나는 훌륭한 조건이 될 수 있습니다.

자아는 하나님의 얼굴을 가리는 불투명한 휘장입니다. 이 휘장은 영적인 경험으로만 제거될 뿐, 단순한 가르침으로는 제거되지 않습니다. 가르침으로 이 휘장을 제거하려 드느니 차라리 나병을 가르쳐 우리 몸에서 떠나게 하는 편이 더 나을 것입니다. 자아에서 해방되려면 자아를 멸하시는 하나님의 역사가 먼저 있어야 합니다. 십자가를 초청하여 우리 안에서 자아를 죽이게 해야 합니다. 십자가 심판의 자리로 자아의 죄를 가져가야 합니다. 구주께서 본디오 빌라도에게 고난을 받을 때 겪으신 고통과 어느 정도 비슷한 고통의 시련이 닥칠 것을 각오해야 합니다.

휘장을 찢는 것이 비유적인 표현으로 여겨지거나 시적인 일 내지는 거의 즐거운 일로 생각된다면, 사실은 전혀 즐거운 일이 아님을 기억합시다. 인간의 경험에 비추어 볼 때, 그 휘장의 재료는 살아 있는 영적 세포조직입니다. 우리 존재 전체를 구성하는 예민한 재료, 즉 감각으로 이루어져 있기 때문에 그 휘장을 건드리는 것은 아픈 곳을 건드리는 일입니다. 그 휘장을 찢는 것은 우리 자신을 다치게 하고 상하게 하며 피 흘리게 하는 일입니다. 그렇지 않다고 말하는 것은 십자가를 십자가 아닌 것으로, 죽음을 죽음 아닌 것으로 만드는 태도입니다. 죽음은 장난이 아닙니다. 생명을 이루고 있는 소중하고 부드러운 재료를 찢는 일은 심히 고통스러울 수밖에 없습니다. 십자가가 예수께 한 일이 그것이었고, 해방시키고자 하는 모든 이에게 하는 일 또한 그것입니다.

스스로 휘장을 찢겠다고 어설프게 내적인 생명을 건드리지 않도록 조심합시다. 이 모든 일은 하나님이 해주셔야 합니다. 우리는 그저 하나님께 내드리고 맡기면 됩니다. 자기 목숨을 고백하고, 버리고, 거부하고, 십자가에 못 박힌 것으로 여기면 됩니다. 그러나 하나님의 참된 역사와 안이한 '수용'은 신중히 구별해야 합니다. 하나님의 일이 완성될 때까지 고집스럽게 기다려야 합니다. 자아의 못 박힘에 대한 깔끔한 교리에 만족하고 안주하면 안 됩니다. 그것은 사울 왕처럼 가장 좋은 소와 양을 남기는 짓입니다.

하나님의 일이 진정으로 완성될 때까지 고집스럽게 기다리십시오. 그러면 휘장이 찢어질 것입니다. 십자가는 거칠고 치명적이지만 효력이 있습니다. 희생물을 영원히 매달아 두지 않습니다. 십자가의 일이 끝나는 순간, 괴로워하던 희생물이 숨을 거두는 순간이 옵니다. 그러면 부활의 영광과 능력이 찾아옵니다. 휘장이 사라지고, 살아 계신 하나님의 임재가 있는 곳으로 참으로 들어가는 영적인 경험의 기쁨이 이전의 고통을 잊게 해줍니다.

주여, 주의 길은 심히 탁월한데 인간의 길은 심히 구부러져 있고 어둡습니다. 우리에게 죽는 법을 가르치사 새 생명으로 되살아나게 하옵소서. 성전 휘장을 찢으셨듯이, 자기 목숨의 휘장을 위로부터 아래까지 찢어 주옵소서. 온전한 믿음의 확신을 가지고 가까이 나아가겠습니다. 천국에 들어가 주와 함께 거하는 영광에 익숙해지도록 여기이 땅 위에서도 날마다 주와 함께 거하겠습니다. 예수의 이름으로 기도합니다. 아멘.

4.   하나님을 알라

맛보아 알지어다. — 시편 34:8

25년 전, 인도의 캐논 홈즈^{Canon Holmes}는 보통 사람들의 믿음에 나타나는 추론적인 성격에 주의를 환기시켰습니다. 대부분의 사람들에게 하나님은 실재하시는 분이 아니라 추론의 결과물입니다. 개인이 인격적으로 아는 존재가 아니라 스스로 적합하다고 여기는 증거에서 도출해 낸 결과물에 불과합니다. 그들은 "하나님이 반드시 존재해야 하므로 그의 존재를 믿는다"고 말합니다. 그것조차 생각지 못하는 자들, 소문으로만 하나님을 아는 자들도 있습니다. 그들은 스스로 생각해 보려는 마음 없이 남의 말만 듣고, 자신들의 신앙고백 전체를 이루고 있는 잡다한 내용들과 함께 하나님에 대한 믿음을 마음 저 뒤편으로 밀어 놓습니다. 그런가 하면 하나님을 하나의 이상, 진이나 선이나 미의 다른 이름으로 여기는 이들도 많습니다. 그들에게 하나님은 법칙이나 생명 내지는 존재의 현상 뒤에 있는 창조적 충동에 불과합니다. 이처럼 하나님에 대한 개념이 많고도 다양함에도 공통적으로 나타나는 한 가지 특징은 자기 경험을 통해 하나님을 알지 못한다는 것입니다. 이런 개념을 가진 자들은 하나님을 친밀하게 알 수 있다고 생각지 않습니다. 하나님의 존재는 인정하지만, 우리가 사물이나 사람을 알듯이 알 수 있다고는 생각지 않습니다.

적어도 이론적으로는 그리스도인이 그들보다 확실히 낫습니다. 기독교 신앙고백은 하나님의 인격성을 믿을 것을 요구하며, "하늘에 계신 우리 아버지여"라고 기도하도록 가르칩니다(눅 11:2). 이처럼 하나님의 인격성과 아버지되심이라는 개념에는 그를 인격적으로 알 수 있다는 생각이 담겨 있습니다. 그럼에도 비그리스도인들처럼 하나님을 실재하시는 분으로 여기지 않는 그리스도인이 허다합니다. 그들은 하나의 이상을 사랑하고 단순한 원리에 충성하고자 애쓰며 살아갑니다.

이 모든 불확실하고 모호한 입장 반대편에 있는 성경의 분명한 교리는 개인의 경험을 통해 하나님을 알 수 있다는 것입니다. 사랑이 넘치는 인격체가 동산 나무 사이를 거니시고, 성경의 모든 장면에 향기로운 숨결을 불어넣으시며, 성경 전체를 다스리십니다. 항상 살아 계시는 분이 현존하시면서 말씀하시고, 호소하시고, 사랑하시고, 일하십니다. 받아들일 준비만 되어 있다면 언제 어디서든 그 백성에게 자신을 나타내 주십니다.

성경은 적어도 자기 경험의 영역 안에 들어오는 다른 사람이나 사물을 알 수 있는 만큼 하나님을 알 수 있다는 것을 자명한 사실로 제시합니다. 물질적인 대상을 안다고 말할 때 사용하는 표현을 하나님을 안다고 말할 때도 그대로 사용합니다. "여호와의 선하심을 **맛보아 알지어다**"(시 34:8). "왕의 모든 옷은 몰약과 침향과 육계의 **향기가 있으며**"(시 45:8). "내 양은 내 음성을 **들으며**"(요 10:27). "마음이 청결한 자는 복이 있나니 그들이 하나님을 **볼 것임이요**"(마 5:8). 저는 지금 하나님의 말씀에 나오는 셀 수 없이 많은 구절 중 네 군데만 인용했을 뿐입니다. 그리고 이런 증거 구절보다 더 중요한 점은, 무엇보다 이 사실을 믿게 하려는 데 성경의 전적인 의도가 있다는 것입니다.

이 모든 구절이 가리키는 바는 '익숙한 오감을 통해 물질적인 대상을 아는 것만큼 확실하게 하나님을 알 수 있는 기관이 우리 마음속에 있다'는 것 아닙니까? 신체적 기능을 원래 목적대로 사용하여 물질세계를 파악하듯이, 우리가 가진 영적인 기능을 성령의 촉구에 순종하여 사용하면 하나님과 영적인 세계를 알 수 있습니다.

여기에서 당연히 인정해야 할 사실은 그 전에 먼저 구원의 역사가 마음속에 일어나야 한다는 것입니다. 중생치 못한 사람의 영적 기능은 본성 안에 잠들어 있어서 어떤 목적에도 쓰이지 못하며 사용되지 못합니다. 죄가 우리에게 가한 타격이 이것입니다. 이 기능은 중생케 하시는 성령의 역사를 통해 다시금 활기차게 되살아날 수 있습니다. 이것이 그리스도 십자가 구속의 역사를 통해 우리에게 주어지는 무수히 많은 혜택 중 한 가지입니다.

　그런데 속량받은 하나님의 자녀들이 왜 성경이 제시하는바, 하나님과 늘 교통하며 그 교통을 인식하는 일에 대해 이토록 무지한 것일까요? 그 대답은 만성적인 불신앙 때문이라는 것입니다. 영적인 감각을 작동시키는 것은 믿음입니다. 믿음에 결함이 있으면 영적인 일들에 대해 내적으로 둔감해지고 무감각해집니다. 오늘날 다수의 그리스도인들이 이런 상태에 있습니다. 이것은 따로 증명할 필요조차 없는 사실입니다. 처음 만나는 그리스도인과 이야기를 나누어 보거나 처음 발견한 교회 문만 열고 들어가 보아도 필요한 증거를 전부 얻을 수 있습니다.

　사방에서 우리를 둘러싸며 에워싸고 있는 영적인 세계는 우리의 내적 자아가 능히 미칠 수 있는 범위 안에서 우리가 인식해 주길 기다리고 있습니다. 무엇보다 하나님 자신이 우리가 그 임재에 응답하길 기다리고 계십니다. 영원한 세계가 실재한다고 인정하는 순간, 그 세계가 우리 앞에 살아납니다.

　방금 사용한 두 단어는 따로 정의 내릴 필요가 있습니다. 정의 내릴 수 없다 해도 최소한 제가 어떤 의미에서 사용했는지는 명확히 규정해야 할 것입니다. 그 단어는 바로 **실재**reality와 **인정**reckon입니다.

　제가 말하는 '실재'란 무엇일까요? 사람이 생각해 낼 수 있는 개념과 상관없이 존재하는 것, 아무도 생각지 못하더라도 엄연히 존재하는 것입니다. 그 자체로 존재하는 것입니다. 실재의 타당성 여부는 관찰자에게 달려 있지 않습니다.

평범한 사람이 가진 실재의 개념을 비웃기 좋아하는 이들이 있다는 것은 저도 압니다. 그들은 이상주의자로서, 사람의 정신 바깥에 실재하는 것은 없다는 증거를 무한히 제시합니다. 또한 상대론자로서, 우주에는 측정의 기준이 되는 고정점이 없다는 사실을 입증하려 듭니다. 지성의 높은 산꼭대기에서 깔보는 미소를 지으며 '절대론자'라는 비난조의 용어를 우리에게 갖다 붙이고 만족해합니다. 그러나 그리스도인은 이런 경멸에 당황치 않습니다. 유일하신 절대자, 하나님이 계심을 알기에 웃으며 응수합니다. 그리스도인은 절대자가 세상을 만드시고 사람으로 사용케 하셨다는 것, 최종적인 의미(하나님께만 해당되는 의미)에서는 고정된 것이나 실재하는 것이 없지만, 인간이 살아가는 삶의 모든 목적을 위해 마치 실재하는 것처럼 행동하도록 허용하셨다는 것을 압니다. 정신적 질병이 있는 자들을 제외한 모든 사람이 이에 따라 행동합니다. 그 불운한 자들은 실재를 분간하는 데는 어려움을 겪지만 일관성은 유지하면서 사물에 대한 자신들의 생각에 따라 살기를 고집합니다. 그들은 정직합니다. 정직하기 때문에 사회생활에 문제가 생기는 것입니다.

이상주의자와 상대론자들은 정신적 질병이 없습니다. 그들은 자신들이 이론적으로 거부하는 바로 그 실재의 개념에 의거해 삶으로써, 또한 자신들이 존재하지 않는다고 입증한 바로 그 고정점에 의지해 삶으로써 정신의 건강함을 입증합니다. 자신들이 주장하는 개념에 의거해 살면 더 큰 존경을 받을 텐데, 실제로는 오히려 그렇게 살지 않으려고 조심합니다. 그들의 개념은 삶이 아닌 머리에 뿌리를 두고 있습니다. 실제 삶에서는 자신들의 이론을 부인하고 다른 사람들과 똑같이 삽니다.

그러나 그리스도인은 진지하기 때문에 자기 이익을 위해 개념을 가지고 장난치지 않습니다. 단순히 전시용으로 거미줄 치길 즐기지 않습니다. 그리스도인의 모든 믿음은 실제적입니다. 삶과 맞물려 있습니다. 그리스도인은 자신이 믿는 바에 따라 살고, 믿는 바에 따라 죽습니다. 그 믿음이 이 세상과 장차 올 영원한 세상에서 그의 운명을 좌우합니다. 그리스도인은 진지하지 않은 자들을 외면합니다.

진지하고 평범한 사람은 세상이 실재함을 압니다. 눈을 뜨면 세상이 기다리고 있음을 알며, 단순히 자신이 존재한다고 생각하기 때문에 존재하는 것이 아님을 압니다. 자신이 태어났을 때에도 세상은 이미 기다리고 있었고, 이 땅을 떠날 때에도 여전히 남아서 자신에게 작별인사를 하리라는 것을 압니다. 이처럼 인생에 대해 깊은 지혜를 가진 그리스도인은 세상의 실재성을 의심하는 수많은 자들보다 현명합니다. 그리스도인은 땅에 발을 딛고 서서 얼굴에 닿는 바람과 비를 느끼며, 그것이 실재함을 압니다. 낮에는 해를 보고 밤에는 별을 봅니다. 먹구름에서 번개가 내리치는 것을 봅니다. 자연의 소리를 들으며 인간의 기쁨과 고통에서 나오는 외침을 듣습니다. 그리스도인은 이 모든 것이 실재함을 압니다. 밤에 차가운 땅에 누워

자는 동안 세상이 환영幻影이라는 것이 입증되거나 전부 사라져 버리지는 않을까 겁내지 않습니다. 전날 밤 눈을 감을 때와 똑같이 아침에도 단단한 대지가 밑에서 몸을 받쳐 주며, 푸른 하늘이 머리 위에 펼쳐지고, 바위와 나무들이 주변에 서 있을 것을 압니다. 이처럼 그리스도인은 실재하는 세상에 살며, 그 세상을 누립니다.

그리스도인은 오감으로 실재하는 세상에 참여합니다. 자신을 창조하여 실재하는 세상에 두신 하나님이 구비해 주신 기능을 사용함으로, 육체를 가지고 생존하는 데 필요한 모든 것을 파악합니다.

이 정의에서 보면 하나님도 실재하십니다. 다른 어떤 것에도 해당되지 않는 절대적이고 최종적인 의미에서 실재하십니다. 다른 모든 실재는 하나님의 실재에 의존하고 있습니다. 우리 자신을 포함하여 피조세계 전체를 구성하는 종속적 실재들을 지으신 하나님은 위대한 실재이십니다. 우리가 떠올릴 수 있는 어떤 개념과도 상관없이 독립적이고 객관적으로 존재하시는 분입니다. 숭배의 마음으로 만들어 낸 대상이 아닙니다. 중생의 아침이 밝아 죽음의 잠에서 깨어날 때, 우리는 하나님이 여기 계신 것을 발견합니다.

명확히 규정해야 할 또 다른 단어는 '인정'입니다. 인정한다는 것은 마음으로 그려 보거나 상상한다는 뜻이 아닙니다. 믿음은 상상이 아닙니다. 이것은 그저 다른 말이 아니라 날카롭게 대비되는 말입니다. 상상은 실재하지 않는 형상을 마음에 투영해 놓고 실재성을 부여하는 것입니다. 그러나 믿음은 아무것도 만들어 내지 않습니다.

이미 있는 것을 인정할 뿐입니다.

하나님과 영적인 세상은 실재합니다. 우리에게 익숙한 주변 세상을 인정하듯 확신을 가지고 인정해도 됩니다. 영적인 세상이 분명 존재하면서(지금 여기 있다고 말해도 좋습니다) 우리의 주의를 끌며 믿을 것을 요구하고 있습니다.

문제는 우리가 나쁜 사고 습관을 형성해 왔다는 것입니다. 습관적으로 눈에 보이는 세상은 실재한다고 여기면서, 눈에 보이지 않는 세상은 의심합니다. 영적인 세상이 존재한다는 사실 자체를 부인하지는 않지만, 통상적인 의미에서 실재하는지는 의심합니다.

감각의 세계는 살아가는 내내 밤낮으로 우리의 주의를 빼앗습니다. 요란하고 집요하게 자기 존재를 드러냅니다. 감각은 믿음에 호소하지 않습니다. 지금 이곳에서 우리의 오감을 공격하며, 자신을 실제적인 것이자 최종적인 것으로 받아들이길 요구합니다. 그러나 우리 마음의 렌즈는 죄로 너무 혼탁해져 있는 탓에 주위에서 빛나고 있는 또 다른 실재, 하나님의 도성을 보지 못합니다. 그렇게 감각의 세계가 승리를 거둡니다. 보이는 세상은 보이지 않는 세상의 적이 되며, 일시적인 것은 영원한 것의 적이 됩니다. 아담의 비극적인 계보에 속한 모든 구성원이 물려받은 저주가 이것입니다.

그러나 그리스도인의 삶의 뿌리에는 보이지 않는 것에 대한 믿음이 있습니다. 그리스도인이 믿는 대상은 보이지 않는 실재입니다.

우리의 왜곡된 사고는 태어날 때부터 눈먼 마음의 영향과 사방

하나님을 알라

에서 침입하는 보이는 것들의 방해로 영적인 것과 실재하는 것을 상반되게 보는 성향이 있습니다. 그러나 사실상 두 가지는 상반되지 않습니다. 상반되는 것은 따로 있습니다. 실재하는 것과 상상하는 것, 영적인 것과 물질적인 것, 일시적인 것과 영원한 것은 상반됩니다. 그러나 영적인 것과 실재하는 것은 절대 상반되지 않습니다. 영적인 것은 실재합니다.

진리의 성경을 통해 우리를 향해 분명히 손짓하는 빛과 능력의 영역으로 들어가려면, 영적인 것을 무시하는 이 악한 습관을 버려야 합니다. 보이는 것에서 보이지 않는 것으로 관심을 옮겨야 합니다. 하나님은 보이지 않는 위대한 실재이시기 때문입니다. "하나님께 나아가는 자는 반드시 그가 계신 것과 또한 그가 자기를 찾는 자들에게 상 주시는 이심을 믿어야 할지니라"(히 11:6). 이것이 신앙생활의 토대입니다. 이 토대에서 출발해야 무한히 높은 곳까지 올라갈 수 있습니다. 주 예수 그리스도는 "하나님을 믿으"라고 하셨고 "또 나를 믿으라"고 하셨습니다(요 14:1). 하나님을 믿지 않으면서 예수 그리스도를 믿을 수는 없습니다.

참으로 하나님을 따르고 싶다면 다른 세상을 추구해야 합니다. '다른 세상'이라는 말을 세상 사람들이 경멸조로 사용한다는 것, 그리스도인을 비난하는 표지로 사용한다는 것은 저도 잘 압니다. 마음대로 하라고 하십시오. 사람은 누구나 자신이 속할 세상을 선택해야 합니다. 우리 앞에 있는 사실들을 다 알고 우리가 하려는 일이 무엇인지 다 알면서도 그리스도를 따른다면, 자발적으로 하나님 나라를 관심영역으로 선택한다면, 그 누구도 반대할 이유가 없다고 생각합니다. 그 선택이 손해라도 우리가 감당할 것이요, 이익이라도 그들에게 해가 되지 않을 것이기 때문입니다. 세상이 경멸하는 '다른 세상', 주정뱅이의 놀림거리인 '다른 세상'이야말로 우리가 신중히 선택한 목표요 가장 거룩하게 갈망하는 대상입니다.

그러나 '다른 세상'을 장차 올 세상으로 여기는 흔한 잘못은 피해야 합니다. 다른 세상은 장차 올 세상이 아니라 이미 와 있는 세상입니다. 우리에게 익숙한 물질적인 세상과 나란히 존재하는 세상입니다. 두 세상 사이의 문은 열려 있습니다. 히브리서 기자는 다음과 같이 말합니다(그는 분명 현재시제를 사용하고 있습니다).

그러나 너희가 이른 곳은 시온 산과 살아 계신 하나님의 도성인 하늘의 예루살렘과 천만 천사와 하늘에 기록된 장자들의 모임과 교회와 만민의 심판자이신 하나님과 및 온전하게 된 의인의 영들과 새 언약의 중보자이신 예수와 및 아벨의 피보다 더 나은 것을 말하는 뿌린 피니라(히 12:22-24).

이 모든 것은 "만질 수 있고 불이 붙는 산", 들을 수 있는 "나팔 소리", "말하는 소리"와 대조를 이룹니다(히 12:18-19). 그렇다면 시내 산의 실재를 감각으로 파악하는 것처럼 시온 산의 실재는 영혼으로 파악할 수 있다는 결론을 내려도 무방하지 않겠습니까? 이것은 상상해 낸 속임수가 아니라 완벽한 현실입니다. 영혼에도 볼 수 있는 눈과 들을 수 있는 귀가 있습니다. 오래 사용하지 않아 약해져 있지만, 생명을 주시는 그리스도의 손길이 닿는 즉시 되살아나 가장 예리하게 보고 예민하게 들을 수 있습니다.

하나님께 초점을 맞추기 시작할 때, 영에 속한 것들의 형체가 내면의 눈에 들어올 것입니다. 그리스도의 말씀에 순종할 때, 하나님이 우리 안에 나타나실 것입니다(요 14:21-23). 마음이 청결한 자에게 약속하신 대로 하나님을 볼 수 있는 예민한 감각이 생겨날 것입니다. 하나님에 대한 새로운 인식이 우리를 사로잡아 우리의 생명이자 전부가 되시는 하나님을 맛보고, 듣고, 내적으로 느끼게 해줄 것입니다. "참 빛 곧 세상에 와서 각 사람에게 비추는 빛"이 계속 비치는 모습을 보게 해줄 것입니다(요 1:9). 영적인 기능이 점점 더 예리해지고 확실해지면서 하나님이 우리에게 크신 "만유"가 되실 것이며, 그 임재가 우리 삶의 영광과 경이가 될 것입니다.

∞

오, 하나님, 제 안의 모든 능력을 소생시켜 영원한 것을 붙잡게 하옵소서. 제 눈을 열어 보게 하옵시고, 예민한 영적 감각을 주옵소서. 주를 맛보고 주의 선하심을 알게 해주옵소서. 이 땅의 어떤 것보다 하늘이 더 실재가 되게 해주옵소서. 아멘.

5.   보편적 임재

내가 주의 영을 떠나 어디로 가며 주의 앞에서 어디로 피하리이까. — 시편 139:7

모든 기독교 가르침에 공히 포함되는 기본 진리가 있습니다. 때로는 감추어지기도 하고 주장되기보다 추정되는 데 그치기도 하지만, 그림을 완성하는 데 필요한 원색原色처럼 모든 기독교 가르침에 꼭 필요한 진리가 있습니다. 하나님의 편재遍在도 그런 진리입니다.

하나님은 자신이 창조하신 피조세계에 거하시며 자신의 모든 작품 속에 불가분의 관계로 존재하십니다. 이것은 선지자와 사도들이 담대히 가르친 진리요 기독교 신학이 일반적으로 받아들이는 진리입니다. 그런데 여러 책에 기록된 이 진리가 무슨 이유에서인지 신자의 정체성을 이루는 요소로 평범한 그리스도인의 마음에 깊이 박혀 있지 못합니다. 기독교 선생들은 이 진리에 함축된 의미를 온전히 밝히길 꺼리며, 혹 언급하더라도 거의 의미를 찾기 힘들 정도로 약화시켜 버립니다. 아마 범신론자라고 비난받을까 봐 두려워서 그런 것이리라 생각합니다. 그러나 하나님의 임재 교리와 범신론은 분명히 다릅니다.

범신론의 오류는 너무 확연해서 현혹될 위험이 없습니다. 범신론은 하나님을 모든 피조물의 총합으로 봅니다. 자연과 하나님은 하나이며, 잎사귀나 돌 하나를 만져도 하나님을 만진 것과 같다는 것입니다. 물론 이것은 신성의 썩지 않는 영광을 폄하하는 개념으로, 만물을 신성화하려다가 오히려 세상에 깃든 모든 신성을 몰아내는 결과를 낳습니다.

사실 하나님은 친히 만드신 세상 안에 거하시는 동시에 세상과 구별되시는 분입니다. 하나님과 세상 사이에는 영원히 건널 수 없는 간격이 있습니다. 작품과 만든 이가 아무리 닮았더라도, 작품은 만든 이가 아니며 만든 이와 영원히 구별되는 것이 분명합니다. 만든 이는 따로 계십니다. 작품보다 먼저, 작품과 상관없이 존재하십니다. 모든 작품에 편재하시는 동시에 모든 작품을 초월하여 존재하십니다.

그리스도인의 직접적인 경험이라는 측면에서 하나님의 편재가 의미하는 바는 무엇일까요? 간단히 말해서 '하나님이 여기 계신다'는 것입니다. 우리가 어디 있든 하나님이 그 자리에 계신다는 것입니다. 그가 계시지 않은 곳은 어디에도 없으며, 어디에도 있을 수 없습니다. 지성을 가진 무수히 많은 사람들이 가늠할 수 없을 만큼 먼 간격을 두고 우주 곳곳에 흩어져 있다 해도, 저마다 "하나님이 여기 계신다"고 말할 수 있습니다. 어느 지점도 다른 지점보다 하나님과 더 가까이 있지 않습니다. 그는 여기 가까이 계신 것과 똑같이 저기에도 가까이 계십니다. 아무도 단지 거리상으로 하나님과 더 가깝다고 할 수 없습니다.

이것은 교육받은 그리스도인이라면 누구나 믿는 진리입니다. 이제 우리에게 남은 일은 그 진리가 우리 안에서 빛을 발할 때까지 그에 대해 생각하고 기도하는 것입니다.

"태초에 하나님이……"(창 1:1). 태초에 물질이 있었던 것이 아닙니다. 물질은 스스로 원인이 되지 못합니다. 반드시 선행하는 원인이 있어야 하는데, 그 원인이 바로 하나님이십니다. 태초에 법칙이 있었던 것도 아닙니다. 법칙은 모든 피조물이 따르는 경로를 일컫는 명칭에 불과합니다. 그 경로를 설계한 자가 있어야 하는데, 그 설계자가 바로 하나님이십니다. 태초에 정신이 있었던 것 또한 아닙니다. 정신도 피조물로서 창조자가 배후에 있어야 합니다. 태초에 계셨던 하나님이 물질과 법칙과 정신의 원인, 원인 없는 원인이십니다. 이 사실에서부터 출발해야 합니다.

아담은 죄를 짓고 공황상태에 빠져 미친 듯이 불가능한 일을 시도했습니다. 하나님의 임재를 피해 숨으려 했던 것입니다. 다윗이 "내가 주의 영을 떠나 어디로 가며 주의 앞에서 어디로 피하리이까"라고 쓴 것을 보면, 그 또한 하나님의 임재를 피해 보겠다는 무모한 생각을 했던 것이 틀림없습니다(시 139:7). 가장 아름다운 이 시편에서 그는 연이어 편재하시는 하나님의 영광을 찬양합니다. "내가 하늘에 올라갈지라도 거기 계시며 스올에 내 자리를 펼지라도 거기 계시니이다. 내가 새벽 날개를 치며 바다 끝에 가서 거주할지라도 거기서도 주의 손이 나를 인도하시며 주의 오른손이 나를 붙드시리이다"(시 139:8-10). 그는 하나님의 '계심'과 '보심'이 같은 것임을 알았습니다. 존재하면서 보시는 분이 태어나기 전부터 자신과 함께하셨고, 자신의 생명이 형성되는 신비로운 과정을 지켜보셨음을 알았습니다. 솔로몬도 "하나님이 참으로 땅에 거하시리이까. 하늘과 하늘들의 하늘이라도 주를 용납하지 못하겠거든 하물며 내가 건축한 이 성전이오리이까"라고 외쳤습니다(왕상 8:27). 바울도 아덴 사람들 앞에서 "그는 우리 각 사람에게서 멀리 계시지 아니하도다. 우리가 그를 힘입어 살며 기동하며 존재하느니라"라고 단언했습니다(행 17:27-28).

이처럼 하나님이 우주 곳곳에 계신데, 그가 계시지 않은 곳으로 갈 수도 없고 그가 계시지 않는 곳을 상상할 수도 없는데, 왜 세상은 그의 임재를 보편적으로 기리지 않는 것일까요? "황무지"와 "짐승이 부르짖는 광야"에 있었던 족장 야곱이 이 질문에 대답해 줍니다(신 32:10). 야곱은 하나님의 이상을 보고 경이감에 사로잡혀 소리쳤습니다. "여호와께서 과연 여기 계시거늘 내가 알지 못하였도다"(창 28:16). 그는 사방을 빽빽이 채우고 있는 임재의 범위 밖으로 벗어난 적이 한순간도 없었습니다. 그럼에도 본인은 그 사실을 알지 못했습니다. 이것이 야곱의 문제였고, 우리의 문제이기도 합니다. 인간은 하나님이 여기 계신 것을 알지 못합니다. 그 사실을 안다면 정말 큰 변화가 일어날 것입니다.

임재와 임재의 나타남은 다릅니다. 임재가 나타나지 않을 수도 있습니다. 하나님이 여기 계신데도 전혀 모를 수 있습니다. 하나님의 임재를 인식하려면 그가 나타나셔야 합니다. 이를 위해 우리가 해야 할 일은 하나님의 성령께 굴복하는 것입니다. 아버지와 아들을 보여주시는 것이 바로 성령의 일이기 때문입니다. 우리가 사랑의 순종으로 성령과 협력할 때, 하나님은 자신을 나타내 주십니다. 이 나타남이 평범한 그리스도인의 삶과 하나님의 얼굴 빛을 받아 광채가 나는 그리스도인의 삶을 갈라놓습니다.

하나님은 언제나 모든 곳에 계시며, 언제나 각 사람에게 발견되길 원하십니다. 자신이 존재하신다는 사실뿐 아니라 자신이 어떤 분인지 계시하고자 하십니다. 그가 모세에게 자신을 계시하신 것도 모세가 설득했기 때문이 아닙니다. "여호와께서 구름 가운데에 강림하사 그와 함께 거기 서서 여호와의 이름을 선포하실새"(출 34:5). 하나님은 말로 자신의 본질을 선포하셨을 뿐 아니라 친히 자신을 계시해 주셨고, 그로 인해 모세의 얼굴에는 초자연적인 광채가 생겨났습니다. 이처럼 자신을 계시해 주시겠다는 하나님의 약속이 문자 그대로 사실임을 믿기 시작할 때, 그가 이 약속을 그토록 많이 하신 것은 그대로 이루어 주시기 위해서임을 믿기 시작할 때, 우리는 중대한 전기轉機를 맞이하게 됩니다.

하나님을 향한 추구는 그가 자신을 나타내고자 영원히 애쓰신다는 바로 이 사실 때문에 성공하게 되어 있습니다. 하나님의 계시는 멀리서 잠깐 인간의 영혼을 찾아오시는 짧고 중요한 방문이 아닙니다. 그렇게 생각하는 사람은 전적으로 오해하고 있는 것입니다. 하나님이 인간의 영혼에 다가오시거나 인간의 영혼이 하나님께 다가가는 일을 공간적인 관점에서 생각하면 안 됩니다. 여기에는 물리적인 거리의 개념이 들어 있지 않습니다. 이것은 거리의 문제가 아니라 경험의 문제입니다.

하나님과 가깝다거나 멀다는 것은 평범한 인간관계와 관련하여 우리가 으레 생각하는 의미에 해당하는 말입니다. "아들이 자라면서 점점 더 가까워지는 걸 느낀다"고 할 수 있습니다. 사실 그 아들은 태어나면서부터 늘 아버지 곁에 있었고, 하루 이상 집을 떠나 본 적이 없습니다. 그렇다면 아버지의 이 말이 의미하는 바는 무엇일까요? 아들이 자신을 더 친밀히 알고 깊이 이해하게 되었다는 것이며, 두 사람 사이에 생각과 감정의 장벽이 사라지고 정신과 마음이 더 긴밀히 연합되었다는 것입니다.

이처럼 "복되신 주여, 주께 더 가까이, 가까이, 가까이 이끄소서"라고 찬송할 때 우리가 염두에 두는 것은 장소의 가까움이 아니라 관계의 가까움입니다. 하나님을 더 잘 인식하게 해주시길, 하나님의 임재를 더 온전히 의식하게 해주시길 구하는 것입니다. 우리는 하나님이 없는 허공에 소리칠 필요가 전혀 없습니다. 하나님은 우리 영혼보다, 우리의 가장 은밀한 생각보다 더 가까이 계십니다.

그런데 왜 어떤 이들은 하나님을 '발견'하고 어떤 이들은 발견하지 못하는 것일까요? 왜 어떤 이들에게는 자신을 나타내 주시고, 다른 많은 이들은 불완전한 그리스도인의 경험이라는 희미한 빛 속에서 더듬거리게 두시는 것일까요? 물론 하나님은 모든 사람에게 같은 뜻을 가지고 계십니다. 가족을 편애하지 않으십니다. 어떤 자녀에게 해주신 일은 다른 모든 자녀에게도 해주십니다. 그런데도 차이가 생기는 원인은 하나님이 아닌 우리에게 있습니다.

그 생애와 증언이 널리 알려져 있는 위대한 성도 중 20명 정도를 골라 보십시오. 성경의 인물도 괜찮고, 성경 시대 이후의 유명한 그리스도인도 괜찮습니다. 그 즉시 발견하게 되는 사실은 그들이 다 똑같지 않다는 것입니다. 눈에 확 뜨일 만큼 차이가 큰 경우도 있습니다. 예컨대 모세와 이사야는 얼마나 다릅니까? 엘리야와 다윗은 얼마나 다릅니까? 요한과 바울, 성 프란체스코 St. Francesco 와 루터 Martin Luther, 피니 Charles Finney 와 토마스 아 켐피스 Thomas à Kempis 는 얼마나 다릅니까? 인간의 삶이 광범위하듯 그들의 차이도 광범위합니다. 인종, 국가, 교육 정도, 기질, 습관, 개인적 자질이 저마다 다릅니다. 그럼에도 그들은 당대 여느 사람들이 걸었던 길보다 훨씬 더 높은 차원에 있는 영적인 삶의 대로를 걸었습니다.

그들의 차이는 부수적인 것이었으며 하나님이 보시기에 중요치 않은 것이었음이 분명합니다. 그런데 그들에게는 긴요한 특질의 측면에서 확실히 비슷한 부분이 있었습니다. 그것이 무엇일까요?

그들이 공통적으로 가지고 있었던 긴요한 특질은 바로 **영적인 수용성**이었다고 감히 말하고 싶습니다. 그들 속에 있는 무언가, 하나님을 향해 나아가도록 촉구하는 무언가가 하늘을 향해 활짝 열려 있었습니다. 심오한 분석 같은 것을 시도하지 않고 간단히 말하자면, 그들에게는 영적인 인식이 있었습니다. 그들은 그 인식을 키워 나갔고, 마침내 그것이 삶의 가장 큰 특징을 이루었습니다. 그들은 내적 갈망이 느껴질 때 '무언가를 했다'는 점에서 여느 사람들과 달랐습니다. 그들은 영적 반응이라는 평생의 습관을 익혔습니다. 하늘에서 보이신 것을 거스르지 않았습니다. 다윗이 간결하게 표현한 바 그대로입니다. "너희는 내 얼굴을 찾으라 하실 때에 내가 마음으로 주께 말하되 여호와여, 내가 주의 얼굴을 찾으리이다 하였나이다"(시 27:8).

인생의 모든 좋은 것 뒤에 하나님이 계시듯이, 이 수용성 뒤에도 하나님이 계십니다. 하나님의 주권이 작용하는 것입니다. 신학적으로 특별히 주권을 강조하지 않는 사람도 이것은 감지합니다. 저 경건한 미켈란젤로^{Michelangelo Buonarroti}는 한 소네트에서 이렇게 고백했습니다.

주님의 도움 없이 제 마음 불모의 흙과 같사오니

타고난 자아로는 아무것도 키워 낼 수 없나이다.
선하고 경건한 일의 씨앗은 주님이시오니
주님이 명하시는 곳에서만 싹이 트나이다.
주님이 참 길을 보이지 않으시면
아무도 찾아낼 수 없사오니
아버지! 아버지가 이끌어 주셔야 하옵니다.

이것은 위대한 그리스도인의 깊고 진지한 증언으로서 연구할 가치가 있습니다.

하나님이 우리 안에서 일하심을 인식하는 것이 이처럼 중요함에도 지나치게 그 측면만 생각하지는 말라고 경고하고 싶습니다. 그것은 메마르고 수동적인 태도에 빠지는 확실한 길입니다. 하나님은 선택과 예정과 주권의 신비를 이해할 책임을 우리에게 지우지 않으십니다. 이 진리를 대하는 가장 안전하고 좋은 길은 하나님을 우러러보며 가장 깊은 경외감으로 "오, 주님, 주님은 아십니다"라고 고백하는 것입니다. 이것은 하나님의 전지하심이라는 깊고도 신비한 심연에 속한 진리입니다. 이 진리를 너무 파고들면 신학자는 될 수 있을지 몰라도 성도는 될 수 없습니다.

수용성은 단일한 것이 아닙니다. 오히려 영혼의 몇 가지 요소가 섞인 복합적인 것입니다. 무언가를 향해 마음이 끌리고 기우는 것이며, 무언가에 공감하며 반응하는 것이고, 무언가를 얻고자 열망하는 것입니다. 이런 관점에서 보면 개인에 따라 정도 차이가 있다는 것, 수용성이 큰 사람도 있고 작은 사람도 있다는 것을 알 수 있습니다. 수용성은 훈련을 통해 커질 수도 있고, 게으름으로 사라질 수도 있습니다. 수용성은 위에서부터 우리를 사로잡는 힘, 거역할 수 없는 주권적 힘이 아닙니다. 하나님의 선물인 것은 맞지만, 다른 선물들처럼 이 선물을 주신 목적을 이루기 위해 우리 자신이 인지하고 키워 나가야 합니다.

이 점을 모르는 탓에 현대 복음주의가 이토록 심각하게 무너진 것입니다. 옛 성도들은 키우고 훈련한다는 개념을 매우 소중히 여긴 반면, 오늘날에는 신앙의 영역 어디에서도 그 개념을 찾아볼 길이 없습니다. 그 방법은 너무 느리고 너무 평범합니다. 우리는 화려하고 빠르고 극적인 활동을 요구합니다. 누름단추와 자동기계들 틈에서 자란 그리스도인 세대는 더 느리고 덜 직접적인 방법으로 목표를 달성하는 것을 참지 못합니다. 그래서 하나님과의 관계에서도 기계 문명 시대의 방법을 쓰려 합니다. 정작 본인은 성경 한 장 읽고 짧은 경건의 시간을 가진 후 뛰쳐나가 버리면서, 최근에 먼 나라에서 돌아온 종교 모험가의 흥미진진한 간증을 듣거나 다른 복음 집회에 참석함으로써 자신의 심각한 내적 파산 상태를 만회하려 듭니다.

이 같은 정신의 비극적인 결과물을 도처에서 볼 수 있습니다. 얄팍한 삶, 공허한 종교 철학, 흥미 위주의 복음 집회, 사람에게 영광을 돌리는 행태, 종교의 외적 요소를 의지하는 태도, 경건을 가장한

친교, 외판원의 영업방식, 활발한 성격을 성령의 능력으로 오해하는 무지가 다 그 결과물입니다. 이 모든 것과 그 비슷한 것들은 전부 영혼의 악한 질병, 깊고도 심각한 질병의 증상입니다.

우리가 걸린 이 큰 질병의 책임을 어느 한 사람에게 지울 수는 없지만, 그 책임에서 완전히 자유로운 그리스도인 또한 없습니다. 우리 모두 직간접적으로 이 안타까운 상황에 원인을 제공해 왔습니다. 눈이 너무 어두워 보지 못하거나, 너무 소심해서 말하지 못하거나, 자만에 빠져 남들도 다 만족하는 듯 보이는 빈약하고 평범한 음식 그 이상을 바라지 않았습니다. 다시 말해서 서로의 개념을 받아들이고, 서로의 삶을 따라하며, 서로의 경험을 본보기로 삼은 것입니다. 한 세대가 지나면서 이런 경향은 더 심해졌습니다. 우리는 말라비틀어진 잡초와 모래밖에 없는 저지대로 추락했고, 진리의 말씀을 우리 경험에 뜯어 맞춤으로써 이처럼 낮은 수준을 축복의 초장으로 받아들이는 최악의 상황에 봉착했습니다.

이 시대의 손아귀에서 벗어나 성경의 길로 돌아가려면 작은 용기 이상의 단호한 마음이 필요합니다. 이 일은 얼마든지 일어날 수 있습니다. 과거의 그리스도인들도 때로 그렇게 돌아가야 했습니다. 성 프란체스코, 마르틴 루터, 조지 폭스George Fox 같은 이들의 주도로 성경의 길로 돌아가는 일이 대규모로 일어났던 것을 역사는 기록하고 있습니다. 불행히도 현재는 루터나 폭스 같은 이들이 금방 나타날 것 같지 않습니다. 그리스도가 오시기 전에 다시 이렇게 돌아가는 일이 일어날 것인지에 대해 그리스도인들이 완전히 일치된 견해를 가진 것은 아니지만, 그 사실은 지금 우리에게 그리 중요치 않습니다.

저는 하나님이 주권적으로 전 세계에 걸쳐 이 일을 행하실 줄 아노라 주장하는 것이 아닙니다. 그러나 그의 얼굴을 구하는 평범한 이들을 위해 무슨 일을 하실지는 분명히 안다고 믿으며, 그렇게 말할 수 있습니다. 누구든 진심으로 하나님께 돌아와 보십시오. 경건에 이르는 훈련을 시작하며, 신뢰와 순종과 겸손으로 영적 수용성의 힘을 기르고자 애써 보십시오. 그러면 여위고 연약한 시절에 소원했던 바에 넘치는 결과를 얻을 것입니다.

회개하고 진지하게 하나님께 돌아오는 사람은 이제껏 갇혀 있던 틀에서 벗어나 성경을 영적 기준으로 삼을 것이며, 성경에서 발견하는 사실들로 인해 기뻐할 것입니다.

다시 말해 봅시다. 보편적 임재는 명백한 사실입니다. 하나님이 여기 계십니다. 우주 전체가 그의 생명으로 약동하고 있습니다. 그는 생소하고 낯선 하나님이 아니라, 수천 년 동안 죄 많은 인류를 사랑으로 품어 오신 우리 주 예수 그리스도의 친숙한 아버지십니다. 그는 항상 우리의 관심을 끄시고, 자신을 계시하시며, 우리와 교통하고자 하십니다. 그 제안에 응하기만 하면(이것이 바로 하나님을 추구하는 것입니다!) 그를 알 수 있는 능력이 우리 안에 생겨납니다. 믿음과 사랑과 실천으로 우리의 수용성이 점점 더 온전해질수록 하나님을 아는 깊이 또한 깊어질 것입니다.

오, 하나님 아버지, 보이는 것들에 집착했던 죄를 회개합니다. 세상이 제 안에 너무 많이 들어와 있습니다. 아버지가 항상 여기 계셨음에도 저는 알지 못했습니다. 눈이 어두워 아버지의 임재를 보지 못했습니다. 제 눈을 열어, 제 안에 계시고 제 곁에 계신 아버지를 보게 하옵소서. 그리스도의 이름으로 기도합니다. 아멘.

6.   말씀하시는 음성

태초에 말씀이 계시니라. 이 말씀이 하나님과 함께 계셨으니 이 말씀은 곧 하나님이시니라.
― 요한복음 1:1

기독교 진리를 배우지 않았더라도 지성을 가진 평범한 사람이라면, 요한이 이 본문에서 가르치는 바가 '하나님의 본질은 자신의 생각을 알리시며 말씀하시는 데 있다'는 결론을 내리리라 생각합니다. 그 결론은 옳습니다. 말은 생각을 표현하는 수단으로서, 이 점을 영원하신 성자께 적용해 보면 하나님의 속성에 자기표현이 내재되어 있다는 사실과 하나님은 영원히 피조물에게 자신을 알리고자 하신다는 사실을 믿게 됩니다. 이것은 성경 전체가 뒷받침하는 개념입니다. 하나님은 말씀하십니다. 과거에만 말씀하신 것이 아니라, **지금도 말씀하십니다.** 그 본성에 따라 계속해서 분명하게 자신을 표현하고 계십니다. 말씀하시는 음성으로 세상을 가득 채우고 계십니다.

세상에 있는 하나님의 음성은 우리가 다루어야 할 중대한 실재입니다. 우주의 생성에 대한 가장 간결하고 만족스러운 설명은 "그

가 말씀하시매 이루어졌"다는 것입니다(시 33:9). 자연법칙의 근거
는 피조세계에 내재하는 하나님의 사랑 넘치는 음성입니다. 온 세
상을 만드신 하나님의 말씀은 기록되거나 인쇄된 것이 아니므로 성
경처럼 이해할 수는 없습니다. 그러나 하나님의 의지가 담긴 그 음
성은 세상을 생생한 잠재력으로 채우는 숨결입니다. 오직 하나님이
능력 넘치는 말씀을 발하실 때만 자연의 모든 에너지가 발생한다는
점에서, 그의 음성은 자연 속에 있는 가장 강력한 힘, 아니 유일한
힘입니다.

성경은 기록된 말씀이기 때문에 먹과 종이와 가죽이라는 필수품
의 제한과 한정을 받습니다. 그러나 그의 음성은 주권자이신 하나님
이 자유로우신 것처럼 자유롭게 살아 움직입니다. "내가 너희에게
이른 말은 영이요 생명이라"(요 6:63). 하나님이 이르시는 말씀 안에
생명이 있습니다. 성경에 기록된 하나님의 말씀은 우주에 있는 하나
님의 말씀과 일치할 때만 능력을 발휘합니다. 기록된 말씀을 전능하
게 하는 것은 현존하는 음성입니다. 그 음성이 없다면 기록된 말씀
은 책 표지에 갇힌 채 잠들어 있을 것입니다.

우리는 하나님의 창조를 저차원적이고 원시적인 관점으로 바라
봅니다. 마치 하나님이 물리적인 접촉을 통해 세상을 창조하신 것처
럼, 목수같이 형태를 깎고 맞추어 세우신 것처럼 생각하는 것입니
다. 그러나 성경은 다르게 가르칩니다. "여호와의 말씀으로 하늘이
지음이 되었으며 그 만상을 그의 입 기운으로 이루었도다.······그가

말씀하시매 이루어졌으며 명령하시매 견고히 섰도다"(시 33:6, 9). "믿음으로 모든 세계가 하나님의 말씀으로 지어진 줄을 우리가 아나니"(히 11:3). 여기 나오는 "말씀"은 기록된 말씀이 아니라 음성임을 다시 한 번 기억해야 합니다. 이것은 세상을 채우고 있는 음성, 성경보다 무한히 앞서 있었던 음성, 창조의 아침이 밝은 이래 한 번도 침묵하지 않고 여전히 우주 끝까지 울려 퍼지고 있는 음성입니다.

하나님의 말씀은 신속하고 강력합니다. 태초에 하나님이 무無에게 말씀하시자 유有가 되었습니다. 그 음성을 들은 혼돈은 질서가 되었고, 흑암은 빛이 되었습니다. "하나님이 이르시되……그대로 되니라"(창 1:9). 이 두 구절이 원인과 결과의 짝을 이루며 창세기의 창조 이야기 전체에 반복되고 있습니다. "이르시되"는 "그대로 되니라"의 원인입니다. "그대로 되니라"는 "이르시되"를 지속적인 현재로 만듭니다.

하나님이 여기 계시며 말씀하십니다. 성경의 모든 진리 배후에 있는 진리가 바로 이것입니다. 이 진리 없이는 어떤 계시도 존재할 수 없습니다. 성경은 우리가 거리를 유지하며 아무 도움 없이 읽을 수 있도록 하나님이 써서 사자를 통해 보내 주신 책이 아닙니다. 하나님이 직접 말씀하신 책입니다. 그는 이 말씀 안에 살아 계시며 계속 이 말씀을 들려주심으로 그 능력이 세대를 넘어 지속되게 하십니다. 하나님의 숨결이 흙에 닿자 사람이 되었습니다. 그 숨결이 사람에게 닿으면 다시 흙이 됩니다. 하나님은 타락한 인간에게 "너희

인생들은 돌아가라"고 하시면서 죽음을 명하셨습니다(시 90:3). 다른 말씀을 덧붙이실 필요가 없었습니다. 출생에서 무덤에 이르는 지상의 슬픈 행렬은 그때 그 말씀 한 마디로 충분했다는 것을 입증하는 증거입니다.

우리는 요한복음의 저 심오한 말씀, "참 빛 곧 세상에 와서 각 사람에게 비추는 빛이 있었나니"라는 말씀에 충분히 주의하지 않았습니다(1:9). 이 문장을 어디에서 끊어 읽든 분명한 사실은 이것입니다. 하나님의 말씀은 영혼을 비추는 빛으로 모든 인간의 마음에 영향을 끼칩니다. 모든 인간의 마음에 말씀의 빛이 비치고 말씀의 소리가 들립니다. 아무도 그 빛과 소리를 피하지 못합니다. 하나님이 참으로 살아 계시며 자신이 만드신 세계 속에 거하신다면 필연적으로 그럴 수밖에 없습니다. 요한은 참으로 그렇다고 말합니다. 심지어 성경을 전혀 들어 보지 못한 자들도 영원히 변명하지 못할 만큼 분명하게 말씀이 전파되었습니다. "이런 이들은 그 양심이 증거가 되어 그 생각들이 서로 혹은 고발하며 혹은 변명하여 그 마음에 새긴 율법의 행위를 나타내느니라"(롬 2:15). "창세로부터 그의 보이지 아니하는 것들 곧 그의 영원하신 능력과 신성이 그가 만드신 만물에 분명히 보여 알려졌나니 그러므로 그들이 핑계하지 못할지니라"(롬 1:20).

고대 히브리인들은 이 보편적인 하나님의 음성을 종종 "지혜"로 지칭했습니다. 이 지혜가 모든 곳을 향해 외치며 사람의 아들들 중에 반응하는 자가 있는지 온 땅을 두루 찾는다고 했습니다. 잠언 8장은 이렇게 시작합니다. "지혜가 부르지 아니하느냐. 명철이 소리를 높이지 아니하느냐." 잠언 기자는 지혜를 "길가의 높은 곳과 네거리"에 서 있는 아름다운 여인으로 묘사합니다(8:2). 여인은 모든 사람이 듣도록 소리를 높입니다. "사람들아, 내가 너희를 부르며 내가 인자들에게 소리를 높이노라"(8:4). 여인은 어리석고 미련한 자들을 향해 자기 말에 귀를 기울이라고 호소합니다. 이처럼 하나님의 지혜는 영적인 반응을 얻기 위해, 늘 찾지만 찾기 힘든 반응을 얻기 위해 호소합니다. 그 소리를 듣는 일에 우리의 영원한 행복이 달려 있는데도 귀를 훈련하지 않는 것은 큰 비극입니다.

우주적인 이 음성이 항상 울려 퍼지며 종종 마음을 괴롭혔음에도, 사람들은 그 두려움의 원인이 무엇인지 알지 못했습니다. 살아 있는 안개처럼 인간의 마음을 적시는 이 음성이야말로 역사가 기록된 이래 수많은 이들이 고백했던 양심의 괴로움 및 불멸을 향한 갈망의 숨은 원인 아닐까요? 이 사실에 직면하길 두려워할 필요는 없습니다. 말씀하시는 음성은 분명히 있습니다. 이제 관찰자가 주목해야 할 점은 사람들이 그 음성에 어떻게 반응해 왔느냐 하는 것입니다.

하나님이 하늘로부터 주님께 말씀하셨을 때, 자기중심적인 인간들은 "천둥이 울었다"고 하면서 자연적인 원인으로 설명했습니다(요 12:29). 이처럼 자연법칙에 기대어 하나님의 음성을 설명하려는 습관이 현대 과학의 뿌리에 자리잡고 있습니다. 신비로운 무언가, 인간의 정신으로 이해할 수 없는 놀랍고 두려운 무언가가 살아 숨 쉬는 우주 안에 있습니다. 그것을 믿는 자는 기어이 이해하려 들지 않습니다. 무릎을 꿇고 조용히 "하나님이여" 할 뿐입니다. 땅에 속한 자도 무릎을 꿇지만 경배하지는 않습니다. 무릎을 꿇되 원인과 과정을 조사하고 찾아내며 발견하려 듭니다. 지금 우리가 살고 있는 시대는 이처럼 세속적인 시대입니다. 우리는 예배자가 아닌 과학자의 사고 습관을 가지고 있습니다. 흠모하기보다 설명하려 듭니다. "천둥이 울었다"고 소리치면서 세상의 길로 가 버립니다. 그러나 하나님의 음성은 여전히 울려 퍼지며 반응하는 자를 찾고 있습니다. 세상의 질서와 생명이 그 음성에 달려 있는데도, 사람들은 대부분 너무 바쁘거나 너무 완고해서 주의를 기울이지 않습니다.

우리 모두 설명이 불가능한 경험을 해본 적이 있습니다. 갑자기 밀려오는 고독감이나 광대한 우주와 마주하는 경이감과 경외감을 느껴 본 적이 있습니다. 마치 다른 태양이 비치듯 빛이 잠깐 스쳐 지나가며 우리가 다른 세상에서 왔다는 확신, 우리 기원이 신적인 데 있다는 확신을 섬광처럼 주기도 합니다. 그럴 때 보거나 느끼거나 들은 바는 학교에서 배운 내용에 상반되었을 것이며, 자신이 전에 가졌던 신념이나 견해와도 크게 달랐을 것입니다. 걷힌 구름 사이로 직접 보고 들은 그 잠시 동안만큼은 이전에 습득한 의심을 유보해야 했을 것입니다. 공정한 태도로 그런 경험을 설명하려면, 하나님이 이 세상에 임재해 계시면서 인간과 소통하기 위해 계속 노력하시기 때문이 아닐까 하는 가능성을 최소한 열어 두어야 한다고 생각합니다. 그 가능성을 너무 가볍게 일축해 버리지 맙시다.

인간이 세상에서 만들어 낸 선하고 아름다운 것은 전부 땅 위에 울려 퍼지는 창조의 음성에 반응한 결과라고, 죄에 가로막힌 불완전한 반응이나마 보인 결과라고 저는 믿습니다(제 믿음을 따르는 이가 없어도 불쾌히 여기지는 않겠습니다). 덕에 대해 높은 꿈을 꾸었던 도덕 철학자나 신과 불멸성을 상고했던 종교사상가, 평범한 재료로 순결하고 영구한 아름다움을 창조해 낸 시인과 화가들을 어떻게 설명하겠습니까? 단순히 "천재였다"고 말하는 것으로는 충분치 않습니다.

천재가 어떤 사람입니까? 말씀하시는 음성에 붙잡힌 사람, 그저 어렴풋하게 보이는 목적을 성취하기 위해 마치 홀린 사람처럼 애쓰고 수고하는 사람 아닙니까? 그 위인의 수고가 하나님과 상관없는 것이었거나 그 위인이 하나님께 반하는 말을 하고 글을 썼다고 해서 제가 지금 전개하는 개념이 무너지는 것은 아닙니다. 물론 믿음으로 구원받고 하나님과 화평을 누리려면 성경에 나오는 구속의 계시가 필요합니다. 불멸을 향한 이런 희미한 갈망이 편안하고 흡족한 하나님과의 교통으로 이어지려면 부활하신 구주에 대한 믿음이 필요합니다. 제가 볼 때 이것이 그리스도가 주시는 가장 좋은 것에 대한 타당한 설명입니다. 물론 훌륭한 그리스도인임에도 제 논지를 받아들이지 않을 수 있습니다.

하나님의 음성은 다정한 음성입니다. 거부하기로 미리 작정하지만 않는다면 무서워할 필요가 없습니다. 예수의 피는 인류뿐 아니라 모든 피조물을 덮고 있습니다. "그의 십자가의 피로 화평을 이루사 만물 곧 땅에 있는 것들이나 하늘에 있는 것들이 그로 말미암아 자기와 화목하게 되기를 기뻐하심이라"(골 1:20). 천국 또한 다정한 곳이라고 얼마든지 말할 수 있습니다. 떨기나무에 있던 하나님의 선의가 땅뿐 아니라 하늘도 채우고 있습니다. 완전한 구속의 피가 그의 선의를 영원히 보장해 줍니다.

하늘의 소리를 듣고자 하는 자는 누구나 들을 것입니다. 그러나 지금은 들으라는 권면을 기꺼이 받아들이는 시대가 아닌 것이 분명합니다. 오늘날 대중적인 기독교에는 듣는다는 것이 없습니다. 오히려 그 반대편 끝으로 가 버렸습니다. 시끄럽고 거창하고 분주하고 요란해야 하나님께 사랑받는다는 괴이한 이설을 받아들였습니다. 그래도 우리는 용기를 낼 수 있습니다. 마지막 큰 싸움의 폭풍에 휘말린 백성에게 하나님은 말씀하십니다. "너희는 가만히 있어 내가 하나님 됨을 알지어다"(시 46:10). 우리의 힘과 안전이 소음이 아닌 침묵에 있음을 알려 주시려는 듯, 하나님은 지금도 이렇게 말씀하십니다.

하나님을 기다릴 때는 잠잠히 있는 것이 중요합니다. 혼자 있는 편이 좋고, 성경을 펼쳐 놓으면 더 좋습니다. 그리고 원할 때 가까이 나아가 자신의 마음에 말씀하시는 음성을 듣기 시작할 수 있습니다. 평범한 사람은 다음과 같은 과정에 따라 그 음성을 듣게 된다고 저는 생각합니다. 제일 먼저 들리는 것은 하나님이 동산을 거니시는 소리입니다. 그다음에 좀 더 알아들을 수 있는 음성, 그러나 아직은 명확하지 않은 음성이 들립니다. 그러고 나서 성령이 성경을 조명하기 시작하시는 행복한 순간이 찾아옵니다. 단순한 소리, 기껏해야 어떤 음성에 불과했던 것이 알아들을 수 있는 말이 되고, 마치 사랑하는 친구의 말처럼 따뜻하고 친밀하고 분명한 말이 됩니다. 그리고 생명과 빛이 찾아옵니다. 무엇보다 예수 그리스도를 보고, 그 안에서 쉬며, 그를 자신의 주와 구주와 모든 것으로 받아들이게 됩니다.

이처럼 하나님이 세상에서 자신을 분명히 나타내신다는 사실을 확신할 때, 비로소 성경은 살아 있는 책이 됩니다. 세상을 죽어 있는 비인격적인 곳으로 여기다가 이 같은 성경의 교리로 도약하는 것은 대부분의 사람들에게 그리 쉬운 일이 아닙니다. 성경을 하나님의 말씀으로 받아들여야 한다는 사실은 인정할 수 있고 그렇게 생각하고자 노력할 수 있지만, 성경에 나오는 말들이 실제로 자신에게 해당되는 것이라고 믿지는 못합니다. 입으로 "이건 나한테 하는 말이야"라고 한다고 해서 마음으로도 그렇게 느끼고 아는 것은 아닙니다. 그의 심리는 분열되어 있습니다. 하나님이 한 책에서만 말씀하셨고 다른 데서는 침묵하신다고 생각하려 듭니다.

불신앙은 대부분 진리의 성경에 대한 잘못된 개념과 감정에서 비롯된다고 저는 믿습니다. 침묵하시던 하나님이 갑자기 한 책을 통해 말씀하기 시작하시더니, 그 책이 마무리되자 다시 영원한 침묵에 들어가셨다고 생각합니다. 이처럼 성경을 하나님이 잠시 원할 때 말씀하신 내용을 기록한 책으로 여기며 읽습니다. 머릿속에 이런 개념이 있는데 어떻게 믿을 수 있겠습니까? 실제로 하나님은 침묵하지 않으십니다. 한 번도 침묵하신 적이 없습니다. 말씀하시는 것은 하나님의 본성입니다. 삼위 중 두 번째 위는 이름 자체가 "말씀"입니다. 성경은 하나님이 계속 말씀하시기 때문에 생겨난 필연적 결과물입니다. 하나님의 정신이 우리에게 익숙한 인간의 말로 오류 없이 선포된 책입니다.

성경을 단순히 한번 말씀하신 책으로 보는 것이 아니라 **지금도 말씀하시는 책**으로 볼 때, 신앙의 안개를 뚫고 새로운 세계가 솟아오른다고 저는 생각합니다. 선지자들은 습관적으로 "여호와께서 이같이 말씀하시느니라"라고 했습니다. 청중이 하나님의 말씀을 계속 현재시제로 듣길 바랐기 때문입니다. 일정 시점에 하나님이 어떤 말씀을 하셨다는 점을 지적하기 위해 과거시제를 적절히 사용할 수도 있습니다. 그러나 하나님이 말씀하신 것은 한 번 태어난 아이가 계속 살아 있듯이, 한 번 창조된 세상이 계속 존재하듯이, 계속 그 소리를 발합니다. 물론 이것은 불완전한 예입니다. 아이는 죽고 세상은 불타 없어지지만, 우리 하나님의 말씀은 영원히 있기 때문입니다.

계속해서 주님을 알고 싶다면, 성경이 여러분에게 말하길 기대하며 지금 즉시 펼쳐진 성경 앞으로 나아가십시오. 자기 편의에 따라 아무렇게나 대할 수 있는 물건처럼 여기며 나아가지 마십시오. 성경은 물건 그 이상의 것입니다. 음성입니다. 말입니다. 살아 계신 하나님의 말씀 그 자체입니다.

∞

주여, 제게 듣는 법을 가르쳐 주옵소서. 이 시대는 시끄럽고, 제 귀는 끊임없이 파고드는 요란한 소리들로 피곤합니다. "말씀하옵소서. 주의 종이 듣겠나이다"라고 했던 아이 사무엘의 영을 제게 주옵소서. 제 마음에 말씀하시는 주의 음성을 듣게 하옵소서. 그 소리가 귀에 익고 그 어조에 친숙해짐으로, 세상의 소리는 잦아들고 오직 말씀하시는 주의 음성만 음악같이 들리게 하옵소서. 아멘.

7.   영혼의 응시

믿음의 주요 또 온전하게 하시는 이인 예수를 바라보자. — 히브리서 12:2

6장에서 언급한 사람, 지성을 가진 평범한 사람이 처음 성경을 읽는 다고 가정해 봅시다. 그는 내용에 대한 사전 지식 없이 성경에 접근합니다. 편견이 전혀 없고 증명하거나 옹호하려는 주장 또한 없습니다.

그는 오래지 않아 눈에 띄는 진리들을 관찰하기 시작할 것입니다. 하나님이 인간을 대하시는 이야기 배후에 있는 영적 원리들, "성령의 감동하심을 받은" 거룩한 사람들의 글에 섞여 있는 영적 원리들을 보기 시작할 것입니다(벧후 1:21). 성경을 계속 읽어 나가면서 분명히 다가오는 진리에 번호를 달고, 그 밑에 간략한 내용을 요약해서 적어 두고 싶을 수도 있습니다. 그렇게 정리한 글은 성경 교리의 개요가 될 것입니다. 그 요점들은 성경을 읽어 나갈수록 확장되고 강화될 것입니다. 그렇게 성경이 실제로 가르치는 바를 찾아 나갈 것입니다.

성경의 가르침을 요약한 그 목록의 맨 위에는 **믿음**의 교리가 있을 것입니다. 성경이 믿음에 지대한 중요성을 부여한다는 것은 너무도 명백한 사실이기에 놓치려야 놓칠 수가 없습니다. 아마 그는 믿음이 영혼의 삶에 가장 중요하다는 결론을 내릴 것입니다. "믿음이 없이는 하나님을 기쁘시게 하지 못하나니"(히 11:6). 믿음은 무엇이든 주고, 하나님 나라 어디든 데려갑니다. 믿음이 없으면 하나님께 나아갈 수도, 용서받을 수도, 해방될 수도, 구원받을 수도, 교통할 수도 없습니다. 영적인 생활 자체를 할 수 없습니다.

우리 친구가 히브리서 11장을 읽게 될 즈음에는 믿음에 바쳐진 그 생생한 찬사를 낯설게 느끼지 않을 것입니다. 로마서와 갈라디아서에서 믿음에 대한 바울의 강력한 옹호를 읽었기 때문입니다. 나중에 교회사도 공부한다면, 믿음이 기독신앙의 중심임을 밝히는 종교개혁자들의 가르침이 왜 그렇게 강력한지 이해할 것입니다.

믿음이 그토록 절실히 중요한 것이요 하나님을 추구하는 데 없어서는 안 될 필수요소라면, 가장 귀한 이 선물이 과연 우리에게 있는지 주의 깊게 살펴보는 것이 지극히 당연합니다. 우리가 어떤 생각을 가지고 있든, 조만간 믿음의 본질을 묻는 자리로 나아가게 되어 있습니다. "믿음은 무엇인가?"라는 질문은 "내게 믿음이 있는가?"라는 질문과 밀접히 관련된 것으로서, 우리는 어떻게든 그 대답을 찾아내야 합니다.

믿음을 주제로 설교하거나 글을 쓰는 이들은 거의 모두 같은 말을 합니다. 믿음이란 약속을 믿는 것이요, 하나님의 말씀을 받아들이는 것이요, 성경을 사실로 여기고 그에 근거하여 나아가는 것이라고 합니다. 그런 책이나 설교의 나머지 부분을 채우는 것은 대개 믿음의 결과로 기도 응답을 받은 자들의 간증입니다. 그리고 그 응답은 대부분 건강이나 돈, 신체적인 보호, 사업의 성공처럼 실제적이고 일시적인 성격을 띤 직접적인 선물들입니다. 가르치는 자가 철학적인 성향을 가진 경우에는 접근법이 달라집니다. 가느다란 머리카락을 부스러기가 되어 사라질 때까지 가르고 또 가르듯이, 믿음을 정의하고 또 정의하면서 심리학 용어에 매몰시키거나 형이상학적 혼란에 빠뜨립니다. 그런 설명을 듣고 나면, 실망감에 빠진 채 자리를 털고 일어나 "들어갔던 문으로" 돌아 나오게 됩니다. 그보다는 나은 설명이 있어야 하는 것이 분명합니다.

성경은 믿음의 정의를 내리려는 노력을 하지 않습니다. 히브리서 11:1의 짧은 정의 외에 제가 아는 성경의 정의는 없습니다. 그 구절도 기능적인 정의를 내릴 뿐 철학적인 정의는 내리지 않습니다. 즉, 믿음이 어떻게 작동하는지 설명할 뿐 본질은 설명하지 않는 것입니다. 믿음을 가질 때 나타나는 결과는 보여주지만 믿음이 무엇인지는 말하지 않습니다. 우리도 거기까지만 말하고 더 이상 나아가지 않는 편이 현명합니다. 성경은 믿음이 어디에서 오며 무엇을 통해 오는지 알려 줍니다. "믿음[은]······하나님의 선물이라"(엡 2:8). "믿음은 들음에서 나며 들음은 그리스도의 말씀으로 말미암았느니라"(롬

10:17). 성경이 분명히 말하는 것은 여기까지입니다. 토마스 아 켐피스의 말처럼 "나는 믿음의 정의를 알아내기보다 믿음을 사용하겠다"고 하는 것이 좋습니다.

앞으로 이 장에서 '믿음'이나 그 비슷한 언급을 할 경우에는 신자가 믿음을 사용할 때 그 믿음이 어떻게 작동하느냐 하는 측면에서 하는 말로 이해하기 바랍니다. 이제부터 우리는 믿음의 정의라는 개념을 떠나, **행동의 영역에서 경험하는 믿음**에 대해 생각할 것입니다. 우리의 사고는 이론적인 성격이 아닌 실제적인 성격을 띨 것입니다.

민수기의 극적인 이야기는 믿음이 어떻게 행동으로 나타나는지 보여줍니다(민 21:4-9). 좌절한 이스라엘 백성이 원망을 쏟아내자 하나님이 불뱀을 보내셨습니다. "여호와께서 불뱀들을 백성 중에 보내어 백성을 물게 하시므로 이스라엘 백성 중에 죽은 자가 많은지라"(민 21:6). 그때 모세가 그들을 위해 기도했고, 그 기도를 들으신 하나님은 뱀에 물린 상처를 치료할 방법을 알려 주셨습니다. 놋뱀을 만들어 모든 백성이 볼 수 있도록 장대에 매달라고 하시면서 "물린 자마다 그것을 보면 살리라"라고 하신 것입니다(민 21:8). 모세는 그 말씀에 순종했고, "뱀에게 물린 자가 놋뱀을 쳐다본즉 모두 살"아났습니다(민 21:9).

신약성경에는 이 중요한 사건에 대한 주 예수 그리스도의 권위 있는 해석이 나옵니다. 그때 주님은 구원의 길을 설명하시던 중이었습니다. 주님은 믿음으로 구원을 얻는다고 가르치셨습니다. 그리고 그 점을 명확히 설명하기 위해 민수기의 이 사건을 언급하셨습니다. "모세가 광야에서 뱀을 든 것같이 인자도 들려야 하리니 이는 그를 믿는 자마다 영생을 얻게 하려 하심이니라"(요 3:14-15).

앞서 가정한 평범한 사람은 이 구절을 읽을 때 중요한 사실을 발견할 것입니다. '보다'와 '믿다'가 같은 말임을 알아챌 것입니다. 구약에서 뱀을 '보는 것'은 신약에서 그리스도를 '믿는 것'과 같습니다. 즉, **보는 것과 믿는 것은 같은 일**입니다. 또한 그는 이스라엘 백성이 놋뱀을 본 것은 육신의 눈으로 한 일이지만, 믿는 것은 마음으로 하는 일이라는 점도 이해할 것입니다. 결국 그는 '믿음이란 구원하시는 하나님을 바라보는 영혼의 응시'라는 결론을 내릴 것이라고 저는 생각합니다.

그는 이 구절을 보면서 전에 읽었던 구절들을 떠올릴 것입니다. 그 구절들의 의미가 물밀 듯이 밀려오는 것을 느낄 것입니다. "그들이 주를 앙망하고 광채를 내었으니 그들의 얼굴은 부끄럽지 아니하리로다"(시 34:5). "하늘에 계시는 주여, 내가 눈을 들어 주께 향하나이다. 상전의 손을 바라보는 종들의 눈같이, 여주인의 손을 바라보는 여종의 눈같이 우리의 눈이 여호와 우리 하나님을 바라보며 우리에게 은혜 베풀어 주시기를 기다리나이다"(시 123:1-2). 은혜를 구하는 시편 기자는 은혜의 하나님을 똑바로 쳐다보며 그가 은혜를 베풀어 주실 때까지 절대 눈길을 돌리지 않습니다. 주님도 항상 하나님을 바라보셨습니다. "하늘을 우러러 축사하시고 떡을 떼어 제자들에게 주시매"(마 14:19). 실제로 예수는 항상 자신의 내면의 눈을 아버지께 고정시킨 채 일한다고 하셨습니다. 이렇게 지속적으로 하나님을 바라본 데서 주님의 능력이 나왔습니다(요 5:19-21 참조).

앞서 인용한 본문들은 성령의 감동으로 기록된 성경의 전반적인 취지와 완전히 일치합니다. 히브리서는 인생의 경주에 대해 가르치면서 다음과 같이 이 점을 요약해 줍니다. "믿음의 주요 또 온전하게 하시는 이인 예수를 바라보자"(히 12:2). 우리는 이 모든 것을 통해 믿음이란 단번의 행위가 아니라 삼위 하나님을 마음으로 계속 응시하는 것임을 배우게 됩니다.

또한 믿음은 예수께 마음의 관심을 집중하는 것입니다. 정신의 눈을 들어 "하나님의 어린양"을 바라보는 것이며(요 1:29), 남은 평생 그렇게 바라보길 멈추지 않는 것입니다. 처음에는 힘들 수도 있지만, 중압감을 떨치고 이 놀라우신 분을 조용히 계속 바라보다 보면 점점 수월해집니다. 집중을 방해하는 것들이 있지만, 제멋대로 날아다니다가 주인집 창문으로 다시 돌아오는 새처럼 잠깐 주의가 흩어졌다가도 주님께 다시 돌아와 집중합니다.

저는 이 한 번의 헌신, 예수를 영원히 응시하겠다는 의향을 확고히 하는 중대한 의지적 행동을 강조하고 싶습니다. 하나님은 이런 의향을 품는 것 자체를 우리의 선택으로 여겨 주시며, 우리가 이 악한 세상에서 집중을 방해하는 수많은 것들에 둘러싸여 살고 있다는 점을 감안해 주십니다. 그는 우리 마음의 방향이 예수께로 정해진 것을 아십니다. 우리 자신도 그것을 알 수 있습니다. 영혼의 습관이 형성되고 있다는 사실, 조금만 지나면 더 이상 의식적으로 노력하지 않아도 일종의 영적 반사작용이 일어난다는 사실을 알고 안심할 수 있습니다.

믿음은 자기 미덕을 최소한으로 봅니다. 본질상 자기 존재를 거의 의식하지 않습니다. 눈이 앞에 있는 모든 사물을 보면서도 정작 눈 자체는 보지 못하는 것처럼, 믿음은 믿는 대상에만 전념할 뿐 믿는 행위 자체에는 주의를 기울이지 않습니다. 하나님을 바라보는 사람은 자기 자신을 보지 않습니다. 복된 해방을 경험합니다. 스스로 정결해지고자 몸부림쳤음에도 실패만 거듭하던 사람이 자기 영혼을 만지작거리길 그치고 완전하신 분께 눈길을 돌림으로 진정한 안도감을 느낍니다. 그렇게 그리스도를 바라보는 가운데 그토록 오래 애써 왔던 일이 이루어집니다. 하나님이 그 사람 속에서 일하시며 소원을 주시고 행하게 하십니다.

믿음 자체는 공로가 아닙니다. 믿음의 가치는 믿음의 대상에 있습니다. 믿음은 하나님께 눈길을 돌리는 것입니다. 우리 자신이 아닌 하나님께 눈의 초점을 맞추는 것입니다. 죄는 우리 눈을 왜곡하여 자기 자신을 보게 만듭니다. 불신앙은 하나님의 자리에 자아를 두는 것으로서, "내가 하나님의 보좌 위에 나의 보좌를 두리라"라고 말한 루시퍼의 죄와 위험할 만큼 닮은 죄입니다. 믿음은 안을 보는 것이 아니라 밖을 보는 것이며, 거기에 삶 전체를 맞추는 것입니다.

이 방법이 너무 단순해 보일지도 모르겠습니다. 그러나 양해를 구하지는 않겠습니다. 도움을 받아 천국에 올라가려 하는 자에게나 지옥으로 내려가고 있는 자에게나 하나님은 말씀하십니다. "말씀이 네게 가까워……믿음의 말씀이라"(롬 10:8). 말씀은 눈을 들어 주님을 바라보게 하며, 그로부터 복된 믿음의 역사가 시작됩니다.

내면의 눈을 들어 하나님을 응시하면, 역시 우리를 응시하시는 하나님의 다정한 눈길과 마주치게 되어 있습니다. 성경은 주님의 눈이 온 땅을 두루 감찰하신다고 말씀합니다. "나를 살피시는 하나님"은 그 경험이 담긴 감미로운 표현입니다(창 16:13). 우리 밖을 보는 영혼의 눈과 우리 안을 보시는 하나님의 눈이 만나는 바로 그곳에서 천국이 시작됩니다. 400년 전, 쿠사의 니콜라스^{Nicholas of Cusa}는 『하나님의 비전』^{The Vision of God}이라는 책에서 이렇게 썼습니다.

주의 모든 노력을 제게 쏟으시니 제 모든 노력을 주께 쏟으며, 주의 끊임없는 관심으로 저를 품으시니 제 모든 주의를 기울여 주만 바라고 마음의 눈길을 돌리지 않으며, 사랑의 본체이신 주께서 저만 바라보시니 제 사랑 또한 주께만 돌립니다. 즐거운 감미로움으로 사랑을 다해 품어 주시는 그 포옹이 없다면, 주여, 제 삶은 과연 어찌 되겠습니까?

　　　　　　　　　　　　　　　　　　　　　　영혼의 응시

이 하나님의 사람에 대해 좀 더 말씀드리고 싶습니다. 그는 오늘날 기독교 신자들 사이에 잘 알려져 있지 않으며, 이 시대의 근본주의자들에게는 전혀 알려져 있지 않습니다. 저는 이러한 영적 향취를 지닌 인물들과 그들이 대변하는 기독교 학파를 조금이라도 아는 것이 큰 유익이 된다고 생각합니다. 이 시대 복음주의 지도자들은 자신들과 같은 사고의 흐름, 일종의 '기본노선'을 거의 그대로 따르는 기독교 서적만 받아들이고 인정합니다. 거기에서 벗어난 책들은 거의 살아남기가 힘듭니다. 이런 세월을 50여 년 보내면서 우리 미국의 그리스도인은 만족하며 잘난 체하게 되었습니다. 우리는 지금 맹종이라고 할 만큼 헌신적으로 서로 모방하고 있습니다. 주변 사람들과 똑같은 말을 하기 위해 각고의 노력을 기울입니다. 그러면서 일종의 면피용으로 흔히 용인되는 주제에 작고 안전한 변화를 주거나, 그것도 아니면 최소한 새로운 예화를 덧붙입니다.

니콜라스는 그리스도를 사랑한 참 제자로서, 찬란히 빛나는 헌신을 보여주었습니다. 그의 신학은 정통적이면서도 예수께 속한 모든 것에 어울리는 향기와 감미로움을 갖추고 있었습니다. 예컨대 영생에 대한 그의 개념은 그 자체로 아름다울 뿐 아니라, 제가 오판한 것이 아니라면 오늘날 통용되는 그 어떤 개념보다 요한복음 17:3의 정신에 가깝습니다. 니콜라스는 말합니다.

영생은 주께서 쉼 없이 저를 보시며 제 영혼의 은밀한 곳까지 보시는 바로 그 복된 관심입니다. 주께서 보신다는 것은 곧 생명을 주신다는 뜻입니다. 가장 감미로운 사랑을 쉼 없이 나누어 주신다는 뜻입니다. 그 사랑을 나누어 주심으로 저 또한 주를 향한 사랑으로 타오르게 하신다는 뜻이며, 타오르게 하심으로 먹이신다는 뜻이고, 먹이심으로 제 갈망에 불을 붙이신다는 뜻이며, 불을 붙이심으로 기쁨의 이슬을 마시게 하신다는 뜻이고, 마심으로 제 속에 생명 샘물이 스며들게 하신다는 뜻이며, 스며듦으로 그 샘물이 마르지 않고 점점 더 많이 솟아나게 하신다는 뜻입니다.

자, 믿음이 마음으로 하나님을 응시하는 것이라면, 그리고 그 응시가 모든 것을 보시는 하나님의 눈과 나의 내면의 눈이 만나는 것이라면, 그보다 더 쉬운 일은 세상에 없을 것입니다. 이처럼 가장 긴요한 일을 쉽게 만드신 것, 가장 약하고 불쌍한 자들도 할 수 있는 일로 만드신 것이야말로 하나님다우신 처사입니다.

이 모든 사실에서 끌어낼 수 있는 정당한 결론이 몇 가지 있습니다. 예컨대 이 일은 단순하다는 것이 그 한 가지 결론입니다. 믿는 것은 보는 것이므로 특별한 장비나 종교적 설비가 없어도 됩니다. 하나님은 생사를 가르는 이 본질적인 문제가 언제 일어날지 모르는 불의의 사고에 좌우되지 않게 하셨습니다. 장비는 고장 나거나 분실될 수 있고, 물은 샐 수 있으며, 기록은 소실될 수 있고, 목사는 지각할 수 있고, 교회는 불탈 수 있습니다. 이런 것들은 다 영혼 밖

영혼의 응시

에 있는 요소로서 사고나 기계의 결함에 좌우됩니다. 그러나 보는 것은 마음의 일이기에, 서 있든 엎드려 있든 교회라고는 찾아볼 수 없는 곳에서 임종의 고통 속에 누워 있든 상관없이 얼마든지 할 수 있습니다.

또한 믿는 것은 보는 것이므로 언제든지 할 수 있습니다. 무엇보다 아름다운 이 일에는 더 나은 시기라는 것이 없습니다. 하나님은 구원이 초승달 뜰 때나 성일이나 안식일에 좌우되지 않게 하셨습니다. 이를테면 부활절 주일이라고 해서 8월 3일 토요일이나 10월 4일 월요일보다 더 그리스도께 가까이 가기 좋은 것은 아닙니다. 그리스도가 중보의 보좌에 앉아 계시는 한, 하루하루가 다 좋은 날이요 구원의 날입니다.

하나님을 믿는 이 복된 일에는 장소도 문제가 되지 않습니다. 마음을 다잡아 예수께 집중하십시오. 그러면 기차 침대칸에 있든 공장에 있든 부엌에 있든 상관없이 바로 성소 안에 들어갈 수 있습니다. 하나님을 사랑하고 그분께 순종하겠다는 마음만 있으면 어디서든 하나님을 볼 수 있습니다.

어떤 이는 물을 것입니다. "그런 건 수도사나 목사처럼 소명을 받은 이들, 조용한 묵상에 시간을 바칠 수 있는 특별한 이들에게만 해당되는 말 아닙니까? 저처럼 바쁜 노동자는 혼자 보낼 시간이 없다고요." 기쁘게 말하건대, 이것은 직업과 상관없이 하나님의 모든 자녀에게 해당되는 삶입니다. 실제로 힘들게 일하는 많은 이들이 매일 기쁘게 실천하는 삶입니다. 이 삶을 살 수 없는 사람은 아무도 없습니다.

많은 이들이 제가 말한 비결을 발견했고, 자기 내면의 상태가 어떠하든 개의치 않고 마음으로 하나님을 응시하는 습관을 계속 실천하고 있습니다. 그들은 자기 마음속 무언가가 하나님을 보고 있음을 압니다. 세상일을 하느라 의식적으로 주의를 집중하지 못할 때도 속으로는 항상 은밀한 교통을 지속하고 있습니다. 그리고 잠시라도 할 일에서 벗어나면 바로 하나님께 주의를 돌립니다. 이것이 많은 그리스도인의 증언입니다. 누구한테 들었고 몇 명한테 들었는지는 모르겠지만, 마치 그들의 말을 직접 인용하고 있는 것처럼 느껴질 정도로 많은 이들이 그렇게 증언했습니다.

그렇다고 일상적인 은혜의 수단들이 무가치하다는 인상을 주려는 것은 아닙니다. 그런 수단들도 분명히 가치가 있습니다. 그리스도인이라면 누구나 개인 기도를 해야 합니다. 오랜 성경 묵상은 우리의 응시를 정화해 주고 인도해 줍니다. 교회 출석도 우리의 시야를 넓혀 주고 다른 사람을 더 사랑하게 해줍니다. 봉사나 사역이나 활동 또한 모든 그리스도인이 참여해야 할 좋은 수단입니다. 그러나 이 모든 수단 저변에서 이 모든 수단에 의미를 부여하는 것은 하나님을 바라보는 내적 습관입니다. 이를테면 새로운 눈이 속에 생겨나, 우리 육신의 눈이 지나가는 세상의 풍경을 보고 있는 동안에도 하나님을 바라보는 것입니다.

지금 우리가 균형을 잃고 개인적인 신앙만 강조하는 것은 아닌지, 이기적인 '나'로 신약성경의 '우리'를 대체하는 것은 아닌지 우려하는 이들도 있을 것입니다. 한 소리굽쇠에 맞추어 조율한 백 대의 피아노 소리가 자동적으로 일치하는 것을 본 적이 있습니까? 피아노들끼리 맞추어 조율했기 때문에 일치하는 것이 아니라, 별도의 기준에 맞추어 조율했기 때문에 일치하는 것입니다. 하나님을 바라보는 대신 더 친밀한 교제를 위해 애쓰며 의식적으로 '연합'을 도모할 때보다, 각자 그리스도를 바라보는 백 사람이 함께 모여 예배드릴 때 마음으로 더 가까워질 수 있습니다. 개인의 신앙이 정화되어야 사회의 신앙이 완전해집니다. 지체가 건강해져야 몸이 건강해집니다. 교인들이 더 높고 나은 삶을 추구해야 하나님의 교회 전체가 유익을 얻습니다.

이 모든 것에 선행되는 전제는 참된 회개와 전적인 삶의 헌신입니다. 사실 이 말은 할 필요가 없습니다. 그렇게 헌신한 자들만 이 책을 여기까지 읽었을 것이기 때문입니다.

내적으로 하나님을 응시하는 습관이 우리 속에 굳게 자리 잡을 때, 하나님의 약속과 신약성경의 분위기에 일치하는 영적 생활의 새로운 차원으로 나아갈 것입니다. 우리 발이 사람들 틈에서 평범한 의무들을 수행하며 낮은 길을 걷고 있는 동안에도, 삼위 하나님이 친히 우리의 거처가 되어 주실 것입니다. 삶의 최고선$^{summum\ bonum}$을 실제로 발견하게 될 것입니다.

우리가 바랄 수 있는 모든 기쁨의 원천이 여기 있습니다. 이보다 나은 것은 사람이든 천사든 생각해 낼 수 없으며, 어떤 형태로든 존재할 수 없습니다! 이것은 합리적으로 바랄 수 있는 모든 것의 최대치, 그보다 더 큰 것이 있을 수 없는 절대적 최대치이기 때문입니다.*

∞

오, 주여, 저는 주를 바라보고 만족하라는 훌륭한 초대의 말씀을 들었습니다. 제 마음은 그 초대에 간절히 응하고 싶지만, 죄에 시야가 가려 주님이 희미하게밖에 보이지 않습니다. 보혈로 저를 씻으시고 제 속을 정화하사, 이 땅의 순례길을 가는 동안 휘장이 걷힌 눈으로 주를 응시하게 해주옵소서. 그리하여 주가 나타나 성도들에게 영광을 받으시고 모든 신자들에게 찬양을 받으실 그날, 찬란히 빛나는 주를 바라볼 준비를 하게 하옵소서. 아멘.

* 쿠사의 니콜라스, 『하나님의 비전』 중에서.

영혼의 응시

8.   창조주와 피조물의 관계 회복

하나님이여, 주는 하늘 위에 높이 들리시며 주의 영광이 온 세계 위에 높아지기를 원하나이다. — 시편 57:5

자연 질서는 올바른 관계에 달려 있는 것이 사실입니다. 사물이 각기 제자리를 지키면서 다른 사물과 관계를 맺을 때 조화가 이루어집니다. 인간의 삶도 다르지 않습니다.

저는 앞서 인간의 모든 비참함은 근본적인 도덕적 전위轉位, 즉 하나님과 인간의 관계 및 인간과 인간의 관계가 뒤집힌 데서 비롯된다는 점을 암시한 바 있습니다. 타락은 다른 영향 외에도 창조주와 인간의 관계를 극심히 변화시킨 것이 틀림없습니다. 인간은 하나님을 대하는 태도를 바꾸었고, 그럼으로 창조주와 피조물의 바른 관계를—참 행복이 여기 있음을 모르고—깨뜨렸습니다. 구원이란 본질적으로 창조주와 인간의 바른 관계를 회복하는 것이요 창조주와 피조물의 정상적인 관계로 되돌아가는 것입니다.

이처럼 하나님과 죄인의 관계가 완전히 바뀔 때 만족스러운 영적 생활이 시작됩니다. 법적으로만 바뀌는 것이 아닙니다. 인식과 경험의 영역에서도 바뀌면서 죄인의 본성 전체에 영향을 끼칩니다. 예수의 피로 이루어진 속죄는 법적인 변화를 가져오며, 성령의 역사는 감정적인 만족을 가져옵니다. 탕자의 이야기는 후자를 완벽하게 보여주는 예입니다. 탕자는 아들의 지위를 버리고 세상 고생을 자초했습니다. 그가 다시 회복될 수 있었던 밑바탕에는 부자관계의 회복, 태어나면서부터 누렸지만 악한 배역 행위로 잠시 비틀렸던 관계의 회복이 있었습니다. 이 이야기는 구속의 법적인 측면을 밀어둔 채, 경험적인 측면을 아름다울 만큼 선명하게 보여줍니다.

관계를 설정하려면 출발점이 있어야 합니다. 측정의 기준이 되는 중심점, 상대적 법칙이 허용되지 않는 중심점, "이것"이라고 말할 수 있는 중심점, 다른 여지를 두지 않는 고정된 중심점이 있어야 합니다. 그 중심점이 바로 하나님이십니다. 하나님은 인간에게 이름을 알리실 때 "나"^{I AM}보다 나은 말을 찾지 못하셨습니다. 하나님은 일인칭으로 "나"라고 하시고, 우리는 하나님을 지칭할 때 "그분"^{He is}이라고 하며, 하나님께 직접 아뢸 때 "당신"^{Thou art}이라고 합니다. 다른 모든 사람, 다른 모든 사물은 이 고정점을 기준으로 측정됩니다. 하나님은 "나는 스스로 있는 자"^{I AM THAT I AM}라고 하십니다(출 3:14). "나 여호와는 변하지 아니"한다고 말씀하십니다(말 3:6).

선원이 바다에서 태양의 고도를 기준으로 자신의 위치를 찾아내듯, 우리는 하나님을 보아야 자신의 도덕적 위치를 파악할 수 있습

창조주와 피조물의 관계 회복

니다. 하나님에게서 출발해야 합니다. 하나님을 기준으로 바른 위치에 서 있을 때, 오직 그때만 우리는 바른 것입니다. 다른 위치에 서 있다면 그만큼 어긋나 있는 것입니다.

그리스도인이 하나님을 찾을 때 겪는 어려움은 대부분 하나님을 하나님으로 받아들이고 그에 따라 우리 삶을 조정하지 않는 데서 비롯됩니다. 우리는 하나님을 자신이 생각하는 이미지에 가깝게 바꾸려는 노력을 포기하지 않습니다. 육신은 하나님의 가차 없는 선고가 너무 엄하다고 홀쩍거리면서, 아각처럼 정욕의 행위에 약간의 자비와 관용을 베풀어 주시길 애걸합니다. 그러나 소용없는 짓입니다. 하나님을 하나님으로 받아들이고, 그 모습 그대로 사랑하길 배워야 바로 출발할 수 있습니다. 하나님을 더 잘 알아 갈수록 하나님이 바로 그런 분이시라는 것이 오히려 말할 수 없는 기쁨의 원천임을 발견하게 됩니다. 하나님을 경외하며 사모하는 시간이 우리가 아는바 가장 황홀한 순간이 됩니다. 그 거룩한 순간에는 하나님이 변하실 수 있다고 생각하는 것 자체가 참을 수 없는 고통으로 다가옵니다.

하나님에게서 출발합시다. 모든 것 뒤에, 모든 것 위에, 모든 것 앞에 하나님이 계십니다. 순서로는 제일 앞에, 지위와 신분으로는 제일 위에, 위엄과 존귀로는 제일 높이 계십니다. 그는 자존자로서 만물을 지으셨습니다. 만물이 그에게서 나왔고 그를 위해 존재합니다. "우리 주 하나님이여, 영광과 존귀와 권능을 받으시는 것이 합당하오니 주께서 만물을 지으신지라. 만물이 주의 뜻대로 있었고 또 지으심을 받았나이다"(계 4:11).

　모든 영혼은 하나님께 속해 있으며 하나님의 기쁘신 뜻에 따라 존재합니다. 이런 하나님과 이런 우리 사이에 가능한 유일한 관계는, 하나님은 온전히 주가 되시고 우리는 전적으로 복종하는 것입니다. 온 힘을 다해 모든 존귀를 하나님께 돌려 드려야 합니다. 우리의 영원한 탄식은 그렇게 해도 그분께 합당한 존귀를 다 돌려 드리지 못한다는 것입니다.

　하나님을 추구하는 일에는 우리의 인격 전체를 하나님의 인격에 맞추려는 노력이 포함됩니다. 법적으로만 그런 것이 아니라 실제로도 그래야 합니다. 저는 지금 그리스도를 믿음으로 의롭다 하심을 얻는 일에 대해 말하는 것이 아닙니다. 자발적으로 하나님을 우리 위의 합당한 자리로 올려 드리는 일, 기꺼이 우리의 전 존재를 굴복시켜 창조주와 피조물의 관계에 합당한 경건한 복종의 자리로 내려가는 일에 대해 말하는 것입니다.

　하나님을 만물 위에 높이겠다는 결심을 마음에 품는 순간, 우리는 세상의 행렬에서 이탈하게 됩니다. 더 이상 세상 방식을 따르지 않게 됩니다. 거룩한 길로 나아갈수록 더 그렇게 됩니다. 새로운 관점을 습득합니다. 새롭고 다른 심리상태가 형성됩니다. 새로운 힘이 솟구쳤다 사라졌다 하면서 우리를 놀라게 만듭니다.

　세상과 결별하는 것은 하나님과 우리의 관계가 바뀔 때 나타나는 직접적인 결과입니다. 타락한 인간의 세상은 하나님을 높이지 않기 때문입니다. 수많은 사람이 하나님을 믿는다고 자처하며 하나님께 존경을 표시하는 것이 사실이지만, 한 가지 간단한 검증만으로 실제로는 하나님을 거의 높이지 않는다는 점을 확인할 수 있습니다. 평범한 사람에게 누가, 또는 무엇이 **위에** 있는지 질문함으로써 시험해 보십시오. 그 사람의 참된 위치가 드러날 것입니다. 하나님과 돈, 하나님과 사람, 하나님과 개인적 야망, 하나님과 자아, 하나님과 인간적 사랑 사이에서 선택하라고 하면, 매번 하나님이 둘째 자리로 밀려날 것입니다. 다른 것들이 더 높은 자리를 차지할 것입니다. 본인이 아무리 부인해도, 평생에 걸쳐 날마다 내리는 선택이 그의 위치를 입증합니다.

"높임을 받으소서"는 영적인 승리의 경험에서 나오는 말입니다 (시 21:13). 은혜의 큰 보고를 여는 작은 열쇠입니다. 하나님이 우리 영혼에 주신 생명의 중심에 있는 말입니다. 하나님을 구하는 자의 삶과 입술이 하나가 되어 끊임없이 "높임을 받으소서"라고 아뢰는 자리에 이를 때, 수많은 사소한 문제는 즉시 해결될 것입니다. 그리스도인의 삶이 예전처럼 복잡하지 않을 것이며, 단순한 삶 그 자체가 될 것입니다. 자기 의지를 사용하여 경로를 정하고, 자동조종장치에 따라 움직이듯 그 경로를 따라갈 것입니다. 역풍이 불면 잠시 경로를 이탈했다가도 영혼의 은밀한 성향이 이끄는 대로 확실히 되돌아올 것입니다. 성령이 그를 위해 보이지 않게 일하시며, "별들이……그들이 다니는 길에서" 그를 위해 싸워 줍니다(삿 5:20). 이처

럼 인생의 중심에 있는 문제가 해결되면 그 밖의 것은 전부 따라오
게 되어 있습니다.

그렇게 자발적으로 모든 것을 하나님께 넘기면 인간의 존엄성을
잃지 않을까 염려하지 마십시오. 그렇게 해도 인간의 품격은 떨어지
지 않습니다. 오히려 창조주의 형상에 따라 지음받은 자의 높고 존
귀한 자리, 바른 자리를 찾게 됩니다. 인간의 깊은 수치심은 도덕적
혼란에서 나오는 것이며, 하나님의 자리를 비정상적으로 찬탈한 데
서 나오는 것입니다. 인간의 존귀함을 입증하려면 훔친 보좌를 돌려
드려야 합니다. 하나님을 만물 위에 높일 때, 인간은 가장 큰 존귀를
얻습니다.

의지를 양도하기가 꺼려지는 사람은 "죄를 범하는 자마다 죄의
종이라"는 예수의 말씀을 기억해야 합니다(요 8:34). 우리는 필연적
으로 누군가의 종일 수밖에 없습니다. 하나님의 종이 아니면 죄의
종입니다. 죄인은 자신이 죄의 무력한 노예라는 사실, 죄가 자신의
지체를 다스리고 있다는 사실을 완전히 간과한 채 스스로 독립적인
존재라고 자부합니다. 그러나 그리스도께 굴복하는 자는 잔인한 노
예 감독에게서 벗어나 다정하고 온유한 주인을 맞게 됩니다. 그 주
인의 멍에는 쉽고 그의 짐은 가볍습니다.

하나님의 형상에 따라 지음받은 우리에게 하나님을 우리의 전부
로 다시 받아들이는 것은 낯선 일이 아닙니다. 하나님은 원래 우리
거처였습니다. 아름다운 옛 집에 돌아오면 마음이 편해지는 것이 당

창조주와 피조물의 관계 회복

연합니다.

하나님은 모든 것 위에 뛰어나시다는 주장 배후에 있는 논리를 분명히 밝히고 싶습니다. 하늘과 땅의 모든 권세가 하나님께 있으므로 가장 높은 자리는 당연히 하나님의 것입니다. 우리가 그 자리를 차지할 때 삶의 경로 전체가 어긋나 버립니다. 하나님을 모든 것 위에 높이겠다는 중대한 결심을 하기 전까지는 어떤 질서도 회복되지 못하며 회복될 수 없습니다.

하나님은 "나를 존중히 여기는 자를 내가 존중히 여기"겠다고 이스라엘의 한 제사장에게 말씀하셨고(삼상 2:30), 하나님 나라의 이 옛 법은 시간이 흐르고 제도가 바뀐 오늘날에도 변함없이 유효합니다. 성경 전체와 역사의 모든 지면이 그 법의 영속성을 선포하고 있습니다. 주 예수는 "사람이 나를 섬기면 내 아버지께서 그를 귀히 여기시리라"는 말씀으로 옛 법과 새 법을 한데 묶으셨고, 하나님이 인간을 대하시는 방식이 본질적으로 동일함을 보여주셨습니다(요 12:26).

때로는 반대의 예를 살펴보는 것이 가장 좋은 관찰 방법이 됩니다. 엘리와 그 아들들은 삶과 직무를 통해 하나님을 높이는 제사장직을 맡고 있었습니다. 그러나 그들은 실패했고, 하나님은 사무엘을 보내 그 결과를 통고하셨습니다. 엘리는 몰랐지만 하나님을 높이는 자를 하나님이 높이시는 이 법이 내내 은밀하게 작동하고 있었습니다. 그리고 마침내 심판의 때가 이르렀습니다. 타락한 제사장 홉니와 비느하스는 전장에서 쓰러졌고, 비느하스의 아내는 아이를 낳다가 죽었으며, 이스라엘은 대적 앞에서 도망쳤고, 하나님의 궤는 블레셋에게 빼앗겼고, 늙은 엘리는 뒤로 넘어져 목이 부러져서 죽었습니다. 이처럼 냉혹하고 철저한 비극이 하나님을 높이지 못한 엘리를 뒤따라 왔습니다.

이번에는 반대로 이 세상에 살면서 하나님을 영화롭게 하고자 정직하게 애썼던 성경의 인물을 아무나 골라 보십시오. 하나님이 어떻게 그 종들에게 말할 수 없는 은혜와 축복을 부어 주심으로 그들의 연약함을 눈감아 주시고 실패를 간과해 주셨는지 보십시오. 아브라함, 야곱, 다윗, 다니엘, 엘리야, 누구라도 좋습니다. 씨 뿌린 후에 추수가 뒤따르듯, 존귀에 존귀가 뒤따라왔습니다. 하나님의 사람은 하나님을 모든 것 위에 높이기로 작정합니다. 하나님은 그의 의향을 명백한 사실로 받아들이시고 그에 따라 행동하십니다. 그들이 완전하기 때문이 아닙니다. 거룩한 의향이 이런 차이를 가져오는 것입니다.

주 예수 그리스도의 삶은 이 법을 단순하고 완전하게 보여줍니다. 그는 자신을 낮추어 비천한 인간이 되셨고, 하늘에 계신 아버지께 기꺼이 모든 영광을 돌리셨습니다. 자신의 존귀를 구하지 않고 자신을 보내신 하나님의 존귀를 구하셨습니다. "내가 내게 영광을 돌리면 내 영광이 아무것도 아니거니와 내게 영광을 돌리시는 이는 내 아버지시니"라고 하셨습니다(요 8:54). 이 법에서 너무 멀리 떠나 있던 바리새인들은 주님이 자신을 희생하면서까지 하나님을 높이

119   창조주와 피조물의 관계 회복

시는 것을 이해하지 못했습니다. 예수는 말씀하셨습니다. "오직 내 아버지를 공경함이거늘 너희가 나를 무시하는도다"(요 8:49).

큰 물의를 일으켰던 예수의 또 다른 말씀은 질문의 형태로 주어졌습니다. "너희가 서로 영광을 취하고 유일하신 하나님께로부터 오는 영광은 구하지 아니하니 어찌 나를 믿을 수 있느냐"(요 5:44). 제가 정확히 이해했다면, 그리스도는 여기에서 사람에게 높임을 받으려는 욕망 때문에 믿지 못한다는 무서운 교리를 가르치고 계십니다. 불신앙의 뿌리에 있는 죄가 바로 이것 아닙니까? 많은 이들이 믿지 못하는 이유로 내세우는 '지적인 난관'은 그 뒤에 숨은 진정한 원인을 감추려는 연막에 불과하지 않습니까? 사람에게 높임을 받으려는 이 탐욕스러운 욕망 때문에 바리새인이 되는 것이요, 예수를 죽이겠다는 결심을 하게 되는 것이 아닙니까? 이것이야말로 종교적인 자기 의와 공허한 예배의 숨은 배경이 아닙니까? 저는 그렇게 생각합니다. 하나님을 하나님의 자리에 모시지 못할 때 삶의 경로 전체가 뒤집힙니다. 하나님 대신 자신을 높이게 되고, 결국 저주가 뒤따라옵니다.

하나님을 갈망하는 자가 항상 기억해야 할 사실은 하나님 또한 갈망하신다는 것, 사람의 아들들을 갈망하신다는 것, 하나님을 모든 것 위에 높이겠다는 단번의 결정을 내리는 자들을 특히 더 갈망하신다는 것입니다. 하나님께는 이런 자들이 땅과 바다의 온갖 보물보다 귀중합니다. 하나님은 그리스도 예수 안에서 지극한 자비를 베푸

실 무대를 그들에게서 찾으십니다. 그들과는 거침없이 동행하실 수 있으며, 그들에게는 하나님답게 행하실 수 있습니다.

이 말을 하면서 한 가지 두려운 점이 있습니다. 제가 여러분의 생각만 설득하고 마음은 하나님께 드리게 하지 못할까 봐 두려운 것입니다. 하나님을 모든 것 위에 높이는 것은 쉬운 일이 아닙니다. 실행하려는 의지의 동의 없이 생각으로만 당위성을 인정할 수 있습니다. 상상은 하나님을 높이려고 달려 나가는데 의지는 뒤에서 미적거린다면, 마음의 진정한 만족을 경험하기 전에 결심부터 한 것이 틀림없습니다. 하나님은 전인全人을 원하시기에, 우리 전부를 얻을 때까지 쉬지 않으십니다. 일부만 드리는 것으로는 부족합니다.

하나님의 발 앞에 엎드려 이 문제를 거짓 없이 세세히 아룁시다. 이렇게 진지하게 기도하는 사람은 머잖아 하나님이 자신을 받아 주셨다는 증거를 얻을 것입니다. 하나님이 그 종의 눈에 자신의 영광을 드러내실 것이며, 그 종의 손에 자신의 모든 보화를 맡기실 것입니다. 거룩히 구별된 그 손에는 하나님의 존귀를 맡겨도 안전하다는 것을 아시기 때문입니다.

∞

오, 하나님, 제 모든 소유 위에 높임을 받으소서. 주만 제 삶에서 영광을 받으신다면 이 땅의 보화는 조금도 귀하지 않습니다. 제 우정 위에 높임을 받으소서. 제가 버림받아 온 세상에 혼자가 되더라도 주를 모든 것 위에 높이기로 결심합니다. 제 안락함 위에 높임을 받으소서. 육신의 안락을 잃고 무거운 십자가를 지게 되더라도 오늘 주 앞에서 서약한 것을 지키겠습니다. 제 명성 위에 높임을 받으소서. 제 존재가 흔적 없이 묻히고 제 이름이 꿈결같이 잊힌다 해도 오직 주를 기쁘시게 하길 열망케 하옵소서. 오, 주여, 일어나셔서 합당한 영광의 자리에 좌정하소서. 제 야망 위에, 제가 좋아하고 싫어하는 것들 위에, 제 가족과 건강 위에, 더 나아가 제 생명 위에 좌정하소서. 저는 내려앉히시고 주는 올라가옵소서. 천하고 작고 어린 짐승, 나귀 새끼를 타고 예루살렘에 올라가신 것처럼 저를 타고 올라가사 "가장 높은 곳에서 호산나" 하고 외치는 아이들의 소리를 듣게 하옵소서. 아멘.

9.   온유와 쉼

온유한 자는 복이 있나니 그들이 땅을 기업으로 받을 것임이요. — 마태복음 5:5

인간을 잘 모르는 이에게 팔복의 내용을 거꾸로 말해 주며 "이것이 인간"이라고 한다면, 꽤 정확한 묘사가 될 것입니다. 팔복의 미덕과 정반대되는 모습이야말로 인간의 삶과 행동에 나타나는 두드러진 특징이기 때문입니다.

인간 세상에서는 예수께서 저 유명한 산상 설교 도입부에서 말씀하신 미덕에 가까운 것을 하나도 찾아볼 수 없습니다. 가난한 심령 대신 가장 지독한 자부심이, 애통하는 자 대신 쾌락을 추구하는 자가, 온유 대신 교만이, 의에 주린 자 대신 "나는 부자라. 부요하여 부족한 것이 없다"고 말하는 자가(계 3:17), 긍휼 대신 잔인함이, 청결한 마음 대신 부패한 상상의 산물이, 화평케 하는 자 대신 다투고 분개하는 자가, 부당한 대우를 받고도 기뻐하는 자 대신 온갖 무기를 동원해 맞싸우는 자가 있을 뿐입니다.

문명사회를 이루는 도덕적 재료가 바로 이런 것들입니다. 이런 것들이 대기를 가득 채우고 있습니다. 우리는 숨 쉴 때마다 이것을 들이마시며, 어머니의 젖을 빨면서 함께 흡수합니다. 문화와 교육으로 약간 정화되기는 하지만 기본적으로는 그대로 남아 있습니다. 사람들은 이것을 유일하게 정상적인 삶인 것처럼 정당화하기 위해 문학의 세계를 창조해 냈습니다. 더 놀라운 사실은 바로 이런 악들이 우리 모두의 삶을 더 혹독한 투쟁으로 만든다는 것입니다. 모든 마음의 고통과 몸의 질병 대부분이 우리 죄에서 직접 솟아납니다. 온갖 질병보다 더 필멸의 육신을 괴롭히는 고통의 원천은 자부심과 교만과 분개심과 악한 상상과 악의와 탐욕입니다.

그런데 이런 세상에 예수의 소리, 놀랍고도 낯선 소리, 위에서 찾아오신 분의 소리가 들리고 있습니다. 다른 누구도 할 수 없었던 말씀을 그가 해주신 것은 다행스러운 일이며, 우리가 그의 말씀을 듣게 된 것 또한 다행스러운 일입니다. 그의 말씀은 진리의 정수입니다. 하나의 의견이 아닙니다. 예수는 의견을 밝히신 적이 없습니다. 절대 추측하신 적이 없습니다. 그는 진리를 아셨고, 지금도 알고 계십니다. 그의 말씀은 솔로몬의 말처럼 건전한 지혜의 총합이나 예리한 관찰의 결과물이 아닙니다. 신성의 충만한 데서 나온 진리 그 자체입니다. 오직 그만이 인간에게 복을 주시기 위해 위에서 내려 오신 복되신 분이므로 온전한 권위를 가지고 "복이 있나니"라고 말씀하실 수 있습니다. 그는 세상 어느 누구보다 능력 있는 행동으로 자신의 말씀을 뒷받침하셨습니다. 그의 말씀은 우리가 귀 기울여 들어야 할 지혜입니다.

예수는 흔히 하시듯 간명한 문장 속에 "온유"라는 단어를 쓰시고, 오래 지나지 않아 그 단어를 설명해 주셨습니다. 같은 책인 마태복음에서 그에 대해 더 많은 것을 알려 주시고 우리 삶에 적용해 주셨습니다. "수고하고 무거운 짐 진 자들아, 다 내게로 오라. 내가 너희를 쉬게 하리라. 나는 마음이 온유하고 겸손하니 나의 멍에를 메고 내게 배우라. 그리하면 너희 마음이 쉼을 얻으리니 이는 내 멍에는 쉽고 내 짐은 가벼움이라"(마 11:28-30). 우리는 여기에서 짐과 쉼이라는 두 항목이 대조를 이루는 것을 보게 됩니다. 여기 나오는 짐은 이 말씀을 처음 들은 청중에게만 해당되는 부분적인 것이 아니라 온 인류가 지고 있는 보편적인 것입니다. 단순한 정치적 억압이나 가난이나 고된 노동이 아닙니다. 그보다 훨씬 더 깊은 차원의 것입니다. 가난한 자뿐 아니라 부자도 지고 있는 것, 아무리 부유하고 여유로워도 면할 수 없는 것입니다.

인류가 지고 있는 이 짐은 몸을 으스러뜨리는 무거운 것입니다. 예수는 '기진할 때까지 져야 하는 짐이나 노역'이라는 뜻에서 이 말을 사용하셨습니다. 쉼은 그 짐에서 놓여나는 것입니다. 쉼은 우리가 '해야 하는 일'이 아닙니다. 오히려 하던 일을 멈출 때 찾아오는 것입니다. 주님의 온유, 그것이 곧 쉼입니다.

먼저 우리의 짐부터 살펴봅시다. 이 짐은 전부 내적인 것입니다.

마음과 정신을 공격하며, 안에서부터 몸에 영향을 끼치는 것입니다. 첫 번째 짐은 **교만**pride입니다. 자기애 때문에 수고하는 것은 참으로 무거운 짐입니다. 여러분의 슬픔은 대부분 남에게 무시당한 데서 비롯된 것이 아닌지 생각해 보십시오. 자신을 작은 신으로 세워 놓고 충성을 바치면 그 우상을 모욕하길 즐기는 자들이 나오게 마련입니다. 그런데 어떻게 내적인 평안을 누릴 수 있겠습니까? 어떻게든 무시당하지 않으려고 마음으로 치열하게 노력하는 사람, 상처받기 쉬운 명예를 친구나 원수의 악평에서 지키고자 치열하게 노력하는 사람은 절대 정신적으로 쉴 수가 없습니다. 이 싸움을 몇 년씩 계속해 보십시오. 견딜 수 없을 만큼 그 짐이 무거워질 것입니다. 그런데도 세상 사람들은 그 짐을 계속 지고 가면서 모든 비난에 반박하고, 모든 비판에 움츠러들며, 무시당했다고 느낄 때마다 속을 끓이고, 남이 더 인정받을 때 뒤척이며 잠을 못 이룹니다.

이것은 굳이 질 필요가 없는 짐입니다. 예수는 우리를 쉼으로 부르시는데, 그 방법이 바로 온유해지는 것입니다. 온유한 자는 누가 자기보다 뛰어나든 말든 신경 쓰지 않습니다. 세상의 존경을 얻기 위해 노력할 가치가 없다는 판단을 이미 오래전에 내렸기 때문입니다. 그는 다정한 유머감각을 계발하며, 다음과 같이 자신에게 말하는 법을 배웁니다. "오, 네가 무시를 당했다고? 너 말고 다른 사람이 인정받았다고? 결국 넌 별 볼 일 없는 인간이라며 다들 수군댄다고? 네가 이미 알고 있는 사실을 세상이 말했다고 해서 새삼 상처를 받는 거야? 바로 어제만 해도 하나님께 넌 아무것도 아니라고, 흙에서 나온 벌레에 불과하다고 고백했잖아. 일관성은 다 어디로 간 거야? 자, 자신을 낮추고 남들이 어떻게 생각하든 신경 쓰지 말라고."

온유한 자는 열등감에 시달리는 겁쟁이 생쥐가 아닙니다. 오히려 도덕적으로는 사자처럼 담대하고 삼손처럼 강합니다. 그는 더 이상 자신을 속이지 않습니다. 자신의 삶에 대한 하나님의 평가를 받아들입니다. 하나님이 선언하셨듯이 자신이 약하고 무력한 존재임을 알며, 또한 역설적으로 하나님이 보시기에 천사보다 중요한 존재임을 압니다. 자기 자신은 아무것도 아니지만, 하나님 안에서는 모든 것입니다. 이것이 그의 좌우명입니다. 세상은 하나님이 보시듯 자신을 보지 않는다는 것을 잘 알기에 더 이상 신경 쓰지 않습니다. 하나님이 주신 가치에 만족하며 온전한 쉼을 누립니다. 모든 것에 원래의 가격표가 달리게 될 날, 진정한 가치가 드러나게 될 날을 인내하며 기다립니다. 그때 의인은 아버지 나라에서 환하게 빛날 것입니다. 온유한 자는 기꺼이 그날을 기다립니다.

그러면서 영혼의 안식처에 도달합니다. 온유하게 계속 걸어가면서 하나님이 자신을 방어해 주시도록 기쁘게 의탁합니다. 스스로 방어하던 옛 싸움은 끝났습니다. 온유가 주는 평안을 찾은 것입니다.

또한 그는 **가장**pretense의 짐에서도 놓여납니다. 여기에서 가장이란 위선을 가리키는 말이 아니라, 자신의 진정한 내적 가난을 숨긴 채 좋은 모습만 세상에 보이려 드는 인간 공통의 욕망을 가리키는 말입니다. 죄는 우리에게 악한 속임수를 많이 써 왔는데, 그중 한 가지가 바로 잘못된 수치심을 불어넣은 것입니다. 자신의 모습을 있는 그대로 보여주는 사람, 좋은 인상을 주고자 꾸미지 않는 사람은 거의 없습니다. 본모습을 들킬지도 모른다는 두려움이 쥐처럼 마음을 갉아 먹습니다. 교양 있는 사람은 언젠가 자신보다 더 교양 있는 사람이 나타날지 모른다는 두려움에 시달립니다. 학식 있는 사람은 자신보다 더 학식 있는 사람을 만날까 봐 두려워합니다. 부자는 다른 부자에 비해 자기 옷이나 차나 집이 값싸게 보일까 봐 조바심을 냅니다. 이른바 '사회'를 움직이는 동기가 바로 이것입니다. 가난한 계층은 또 그 계층대로 부자들과 다를 바 없이 행동합니다.

이 문제를 가벼이 넘기지 마십시오. 이 짐들은 실제적인 것으로서, 이런 식으로 악하고 부자연스럽게 살아가는 피해자들을 조금씩 죽음으로 몰고 갑니다. 오랜 세월 이런 짐들로 형성된 심리상태를 가진 이의 눈에는 참된 온유가 꿈처럼 비현실적인 것, 별처럼 멀리 있는 것으로 보입니다. 예수는 마음을 갉아 먹는 이 질병의 피해자들에게 "어린아이들과 같이" 되라고 하십니다(마 18:3). 어린아이는 비교하지 않습니다. 다른 물건이나 다른 사람과 결부시키지 않고, 자기가 가진 것에서 직접 즐거움을 얻습니다. 더 나이가 들어 죄가 마음속에서 요동치기 시작해야 질투와 시기가 모습을 드러냅니다. 그러면 누군가 더 큰 것, 더 좋은 것을 가진 것을 볼 때 자기 것을 즐길 수 없게 됩니다. 그렇게 어려서부터 분히 여기는 마음의 짐이 여린 영혼을 짓누르며, 예수가 해방시켜·주실 때까지 놓아주지 않습니다.

또 다른 짐의 근원은 **인위적으로 꾸미는 것**artificiality입니다. 확신하건대, 대부분의 사람들은 언젠가 무심코, 또는 우연히 원수나 친구에게 자신의 가난하고 텅 빈 영혼을 들킬지도 모른다는 은밀한 두려움을 가지고 살아갑니다. 그래서 절대 긴장을 풀지 못합니다. 명석한 이들은 혹시라도 흔한 말이나 어리석은 말을 하게 될까 봐 긴장하며 경계합니다. 여행자들은 자신이 가보지 못한 먼 곳의 이야기를 할 수 있는 마르코 폴로Marco Polo 같은 사람이 나타날까 봐 두려워합니다.

이런 부자연스러운 상태는 죄가 남긴 슬픈 유산의 일부로서, 오늘날 삶의 방식 때문에 더욱 악화되고 있습니다. 광고는 이처럼 가장하는 습관에 주된 기반을 두고 있습니다. 이런저런 학습 분야에서 제공하는 이른바 '코스'들은 파티에서 빛나고 싶어 하는 피해자의 욕망에 노골적으로 호소합니다. 실제 모습과 다르게 보이고 싶어 하는 욕망을 끊임없이 이용해서 책을 팔고 옷을 팔고 화장품을 팝니다. 인위적으로 꾸미는 것은 예수의 발 앞에 엎드려 우리를 그의 온유에 맡길 때만 떨어져 나가는 저주입니다. 그러면 남들이 우리를 어떻게 생각하든 신경 쓰지 않게 됩니다. 하나님이 기뻐하시는 것으로 만족하게 됩니다. 있는 그대로의 본모습이 전부가 됩니다. 남들에게 어떻게 보이느냐는 관심 밖으로 밀려납니다. 죄만 아니면 아무것도 부끄러워하지 않습니다. 오직 빛나고 싶은 악한 욕망이 본모습과 달리 보이길 원하게 만듭니다.

세상의 마음은 교만과 가장이라는 이 짐에 짓눌려 부서지고 있습니다. 그리스도의 온유가 아니면 이 짐에서 놓여날 길이 없습니다. 훌륭하고 예리한 추론도 약간의 도움은 될 것입니다. 그러나 이 악덕은 워낙 강력해서 한 쪽을 누르면 다른 쪽이 불거져 나옵니다. 세상 모든 사람에게 예수는 말씀하십니다. "다 내게로 오라. 내가 너희를 쉬게 하리라." 그가 주시는 쉼은 온유에서 나오는 쉼이자 자신의 본모습을 받아들이고 더 이상 가장하지 않는 데서 나오는 복된 해방감입니다. 처음에는 용기가 필요하겠지만, 강하신 하나님의 아들과 함께 새롭고 쉬운 멍에를 메고 있다는 것을 배울 때 우리에게 필요한 은혜가 임할 것입니다. 그는 이것을 "내 멍에"라고 부르시며, 우리가 이쪽 끝을 메고 가는 내내 저쪽 끝을 메고 같이 가십니다.

∞

주여, 저를 어린아이로 만들어 주옵소서. 자리나 특권이나 지위를 얻고자 남들과 경쟁하려는 충동에서 구해 주옵소서. 어린아이처럼 꾸밈없이 단순해지길 원합니다. 겉치레와 가장에서 구해 주옵소서. 제가 저 자신만 생각한 것을 용서해 주옵소서. 저 자신은 잊고 주를 바라봄으로 참된 평안을 찾도록 도와주옵소서. 주 앞에서 저를 낮추오니 이 기도를 들어주옵소서. 자기 망각이라는 주의 쉬운 멍에를 제게 지우사 쉼을 얻게 하옵소서. 아멘.

10.   성례의 삶

그런즉 너희가 먹든지 마시든지 무엇을 하든지 다 하나님의 영광을 위하여 하라.

— 고린도전서 10:31

그리스도인이 내적 평안에 이르는 길에서 맞닥뜨리는 가장 큰 장애물 가운데 하나는 삶을 두 영역—거룩한 영역과 세속적인 영역—으로 나누는 흔한 습관입니다. 두 영역을 동떨어진 것, 도덕적으로나 영적으로나 양립할 수 없는 것으로 인식하고 생활의 필요에 따라 매번 두 영역 사이를 왔다 갔다 할 때, 내적인 삶은 쉽게 무너져 하나로 통일되지 못하고 분열됩니다.

우리의 문제는 동시에 두 세계—영의 세계와 육신의 세계—에 살며 그리스도를 따라야 하는 데서 생겨납니다. 아담의 자녀인 우리는 인간의 본질에 계승된 육신과 질병과 연약함의 한계에 갇혀 세상을 살아갑니다. 사람들 틈에서 사는 일 자체가 수년간의 힘든 노역과 많은 근심과 세상사에 대한 관심을 요구합니다. 성령의 삶은 그런 육신의 삶과 뚜렷이 구분됩니다. 우리는 성령 안에서 또 다른 삶,

더 높은 차원의 삶을 누립니다. 하나님의 자녀로 천국의 지위를 얻어 그리스도와 친밀한 교제를 나눕니다.

그래서 삶 전체를 둘로 나누기가 쉬운 것입니다. 자기도 모르게 두 종류의 행동이 있다고 생각하게 됩니다. 첫 번째 종류의 행동을 할 때는 하나님을 기쁘시게 하고 있다는 굳은 확신과 만족감을 느낍니다. 이것은 거룩한 행동으로 대개 기도와 성경 읽기, 찬송, 교회 출석 및 직접적인 신앙 활동이 포함됩니다. 이처럼 세상과 직접적인 관련이 없는 행동만 거룩하게 여기며, 믿음으로 또 다른 세상, 즉 "손으로 지은 것이 아니요 하늘에 있는 영원한 집"을 보게 하는 행동이 아니면 의미를 찾지 못합니다(고후 5:1).

이 거룩한 행동과 대조되는 세속적인 행동이 있습니다. 여기에는 아담의 아들딸들과 공유하는 일상적인 삶의 활동—먹고, 자고, 일하고, 몸의 필요를 돌보고, 단조롭고 따분한 세상의 의무들을 수행하는 일—이 포함됩니다. 우리는 마지못해, 몹시 불안해하면서 이런 일을 할 때가 많으며, 이런 일에 시간과 힘을 낭비하는 것에 대해 죄송한 마음을 느낄 때가 많습니다. 그 결과 불편한 마음으로 대부분의 시간을 보내게 됩니다. 깊은 좌절감 속에 일상의 업무를 수행하면서 "세상의 껍질을 벗고 더 이상 세상일에 방해받지 않을 좋은 날이 올 것"이라며 수심에 찬 자신을 다독입니다.

이것은 해묵은 구분법입니다. 대부분의 그리스도인이 이 덫에 걸려듭니다. 그들은 두 세계의 요구를 만족스럽게 조정하지 못합니다.

성례의 삶

두 세계 사이에서 줄타기를 하며 어느 쪽에서도 평안을 찾지 못합니다. 그 사이에 힘은 빠지고, 시각은 흐려지며, 기쁨은 빼앗깁니다.

저는 이런 상황에 처할 필요가 전혀 없다고 생각합니다. 우리가 딜레마에 빠져 있는 것은 사실이지만, 그 딜레마는 실재하는 것이 아닙니다. 오해의 산물일 뿐입니다. 신약성경은 거룩한 영역과 세속적인 영역을 나눌 근거를 제공하지 않습니다. 기독교의 진리를 더 온전히 이해하면 확실히 그 딜레마에서 벗어날 수 있습니다.

우리의 완전한 모범이 되시는 주 예수 그리스도는 분리된 삶 자체를 아예 모르셨습니다. 어릴 때부터 십자가에서 죽음을 맞으실 때까지 아무 긴장 없이 이 땅에서 아버지의 임재를 누리며 사셨습니다. 하나님은 거룩한 행동과 세속적인 행동의 구별 없이 아들의 삶 전체를 제물로 받으셨고, 주님은 "나는 항상 *그가 기뻐하시는 일을*" 행한다는 말로 아버지와 관련된 자신의 삶을 간단히 요약하셨습니다(요 8:29). 그는 편안하고 균형 잡힌 모습으로 사람들 틈에서 사셨습니다. 그가 감내하신 압박감과 고통은 세상 죄를 지셔야 했던 그의 위치에서 비롯된 것이었을 뿐, 도덕적 불확실성이나 영적 불균형의 소산이 아니었습니다.

"무엇을 하든지 다 하나님의 영광을 위하여 하라"는 바울의 권면은 경건한 이상주의를 뛰어넘는 것입니다(고전 10:31). 거룩한 계시에 없어서는 안 될 권면이며, 진리의 말씀 그 자체로 받아들여야 할 권면입니다. 이 말씀은 우리 삶의 모든 행동이 하나님의 영광에 기여할 수 있는 가능성을 열어 줍니다. 바울은 우리가 너무 소심해서 모든 행동을 포함시키길 주저할까 봐, 특별히 먹고 마시는 일에 대해 언급합니다. 이것은 인간이 사멸하는 짐승들과 공유하는 수준 낮은 특권입니다. 이렇게 하찮은 동물적 행동도 하나님을 높이는 데 사용될 수 있다면, 사용될 수 없는 행동을 찾아내기가 오히려 어려울 것입니다.

초기에 경건한 작가들이 쓴 책을 보면 수도사들이 몸을 증오했던 것을 확연히 알 수 있는데, 그것은 하나님의 말씀이 조금도 지지하지 않는 태도입니다. 통상적인 정숙함에 대한 내용은 성경에 나오지만, 고고한 척하거나 잘못된 수치심을 부추기는 내용은 나오지 않습니다. 신약성경은 성육신하신 주님이 실제로 인간의 몸을 입으셨다는 사실을 당연시하며, 그 사실에 함축된 온전한 의미를 다른 방향으로 돌리려 하지 않습니다. 주님이 사람의 몸을 입고 오셨다는 사실은, 몸에 본질적으로 신성을 거스르는 요소가 있다는 해로운 개념을 영원히 일소해 버립니다. 하나님이 우리 몸을 창조하셨습니다. 몸의 주인이신 하나님께 책임을 돌림으로 그를 거스르면 안 됩니다. 그는 자기 손으로 만드신 작품을 부끄러워하지 않으십니다.

인간의 능력을 왜곡하거나 오용하거나 악용하면 당연히 수치를 당하게 됩니다. 자연에 반하여 죄를 짓는 육신의 행동으로는 결코 하나님을 높일 수 없습니다. 인간의 의지로 도덕적인 악을 행하면 하나님이 만들어 주신 순수하고 무해한 능력을 잃게 됩니다. 그 대신 창조주께 결코 영광을 돌릴 수 없는 악용되고 비틀린 요소가 생겨납니다.

그런데 왜곡되거나 악용되지 않는 경우를 생각해 봅시다. 회개와 새로운 출생이라는 두 가지 이적을 경험한 그리스도인 신자를 생각해 봅시다. 그는 기록된 말씀을 읽고 이해한 대로 하나님의 뜻에 따라 살아갑니다. 그런 사람의 모든 행동은 기도나 세례나 성만찬같이 참으로 거룩하다고, 또는 거룩해질 수 있다고 말해도 무방합니다. 제가 이 말을 하는 것은 모든 행동을 똑같은 차원으로 끌어내리기 위해서가 아닙니다. 오히려 모든 행동을 생명의 나라로 끌어올려 삶 전체를 하나의 성례로 만들기 위해서입니다.

성례가 내적 은혜의 외적 표현이라면, 이 논지를 받아들이길 주저할 필요가 없습니다. 우리 전체를 하나님께 구별하여 드리는 한 번의 행동을 통해 이후의 모든 행동을 헌신의 표현으로 만들 수 있습니다. 예수께서 예루살렘에 타고 들어가신 천한 짐승을 부끄러워하지 않으셨듯이, 우리도 우리 몸―평생 우리를 운반해 주는 육신의 종―을 부끄러워할 필요가 없습니다. "주가 쓰시겠다"는 말씀은 우리의 죽을 몸에도 당연히 적용됩니다(마 21:3). 그리스도가 우리 안에 거하실 때 우리 또한 옛적 그 작은 짐승처럼 영광의 주님을 모시고 갈 수 있으며, 무리로 하여금 "가장 높은 곳에서 호산나"라고 외치게 할 수 있습니다.

이 진리를 아는 것만으로는 충분치 않습니다. 거룩한 영역과 세속적인 영역의 딜레마에 빠져 허우적거리는 고역에서 벗어나려면, 그 진리가 "우리 핏속에 흘러야" 하며 우리의 총체적 사고를 좌우해야 합니다. 실제로 결연하게 하나님의 영광을 위해 살아야 합니다. 이 진리를 묵상할 때, 기도하면서 종종 이 진리에 대해 하나님과 이야기할 때, 사람들 틈에 살면서 자주 이 진리를 기억할 때, 그 놀라운 의미가 우리를 사로잡을 것입니다. 삶이 편안하게 통일되면서 오랫동안 고통의 근원이 되어 온 이원론이 무릎을 꿇을 것입니다. 우리 전체가 하나님의 것임을 알 때, 그중 어떤 것도 내치지 않으시고 다 받아 주셨음을 알 때, 우리의 내적인 삶은 통일되고 모든 행동은 거룩해질 것입니다.

그뿐만이 아닙니다. 오래된 습관은 쉽게 사라지지 않습니다. 거룩한 영역과 세속적인 영역을 나누는 심리를 완전히 떨쳐 버리려면 지적인 사고를 해야 하며 경건한 기도를 많이 해야 합니다. 예컨대 평범한 그리스도인은 '내가 하는 매일의 수고가 예수 그리스도를 통해 하나님이 받으실 만한 예배의 행위가 될 수 있다'는 개념을 이해하기 어려울 수 있습니다. 예전의 구분법이 불현듯 떠올라 마음의 평안을 깨뜨릴 수 있습니다. 옛 뱀 마귀가 그를 가만히 두지 않을 것입니다. 하루의 좋은 시간은 세상일에 바치고 아주 적은 시간만 신앙의 의무를 행하는 데 할애했다는 사실을 차 안에서든 책상 앞에서든 바깥 어디에서든 일깨울 것입니다. 크게 조심하지 않으면 그로 인해 혼란과 낙심과 부담감에 짓눌릴 것입니다.

공격적으로 믿음을 사용해야 성공적으로 대처할 수 있습니다. 모든 행동을 하나님께 드려야 하며, 모든 행동을 하나님이 받아 주실 것을 믿어야 합니다. 이 자세를 굳게 고수하십시오. 하루의 모든 순간, 모든 행동이 하나님과의 교류에 포함된다는 사실을 계속 주장하십시오. 개인 기도 시간에 '내 모든 행동은 하나님의 영광을 위한 것'임을 계속 상기시켜 드리십시오. 생계를 위해 일하는 동안에도 수없이 속으로 기도하면서 개인 기도 시간을 보완하십시오. 모든 일을 제사장의 사역으로 만드는 훌륭한 기술을 연마하십시오. 간단한 행동 안에도 하나님이 계심을 믿고, 그 행동에서 하나님을 발견하는 법을 배우십시오.

이제껏 다룬 오류에 수반되는 또 다른 오류는 이 구분법을 장소에도 적용하는 것입니다. 신약성경을 읽으면서도 여전히 원래부터 거룩한 장소가 있다고 믿는 것을 보면 거의 경악할 만합니다. 이런 오류가 워낙 널리 퍼져 있기 때문에 그에 맞서 싸우려는 사람은 외로움을 느끼게 마련입니다. 이것이 종교적인 사람들의 생각을 물들이는 일종의 염료 역할을 해왔고 그들의 눈 또한 물들여 놓은 탓에, 스스로 오류를 감지하기가 거의 불가능해졌습니다. 신약성경이 정반대로 가르치고 있음에도 불구하고 이 오류는 수세기에 걸쳐 말과 노래를 통해 이어져 왔으며, 기독교 메시지가 아닌 것이 확실한데도 기독교 메시지로 받아들여져 왔습니다. 제가 알기에 이 오류를 인식하고 용기 있게 폭로한 이들은 퀘이커교도뿐입니다.

이제 제가 깨달은 사실들을 말씀드리겠습니다. 이스라엘 백성은 400년간 애굽에서 가장 무신경한 우상 숭배에 둘러싸여 살았습니다. 그러다가 마침내 모세의 손에 이끌려 약속의 땅으로 출발했습니다. 그들은 거룩함이라는 개념 자체를 잃어버렸습니다. 이 문제를 바로잡기 위해 하나님은 밑바닥부터 시작하셨습니다. 구름과 불 가운데 자신을 제한하여 거하셨고, 성막이 지어진 후에는 지성소에 불처럼 나타나 거하셨습니다. 수많은 구분법을 통해 거룩한 것과 거룩하지 못한 것의 차이를 가르치셨습니다. 거룩한 날이 있었고, 거룩한 그릇이 있었으며, 거룩한 옷이 있었습니다. 여러 종류의 예물과 희생제물과 씻는 법이 있었습니다. 이런 구분법을 통해 이스라엘은 **하나님의 거룩하심**을 배웠습니다. 하나님이 그들에게 가르치신 것은 물건이나 장소의 거룩함이 아닌 바로 이것이었습니다. 여호와의 거룩하심이야말로 그들이 배워야 할 교훈이었던 것입니다.

그리고 그리스도가 나타나시는 위대한 날이 왔습니다. 그는 즉시 "옛사람에게 말한바……너희가 들었으나 나는 너희에게 이르노니"라고 가르치기 시작하셨습니다(마 5:21-22). 구약의 교육은 끝났습니다. 그리스도가 십자가에서 돌아가시자 성전 휘장이 위에서 아래로 찢어졌고, 믿음으로 나아가는 모든 자에게 지성소가 개방되었습니다. 그리스도는 "이 산에서도 말고 예루살렘에서도 말고 너희가 아버지께 예배할 때가 이르리라.……아버지께 참되게 예배하는 자들은 영과 진리로 예배할 때가 오나니 곧 이때라. 아버지께서는

성례의 삶

자기에게 이렇게 예배하는 자들을 찾으시느니라. 하나님은 영이시
니 예배하는 자가 영과 진리로 예배할지니라"라는 길이 기억할 말
씀을 남기셨습니다(요 4:21, 23-24).

얼마 후, 이 자유의 외침을 받아들인 바울이 모든 고기는 깨끗하
고, 모든 날은 거룩하며, 모든 장소는 성스럽고, 모든 행동을 하나님
이 받으신다고 선언했습니다. 이스라엘 민족의 교육에 필요했던 시
공간의 거룩함이라는 희미한 빛은 영적 예배라는 이 밝은 태양 앞
에 자취를 감추었습니다.

이처럼 예배의 본질적인 영성을 소유하고 있었던 교회는 세월이
흐르면서 서서히 그것을 잃어버렸습니다. 타락한 인간의 마음에서
자연스럽게 솟아나는 율법주의가 옛 구분법을 다시 끌어들이기 시
작했습니다. 교회는 다시 날과 때와 절기를 지키게 되었습니다. 일
정한 장소를 택하여 특별한 의미에서 거룩한 곳으로 구별했고, 날
과 장소와 사람 사이에도 차이를 두었습니다. 처음에는 두 가지였던
'성사'聖事가 세 가지 네 가지로 늘어나더니, 로마 가톨릭이 대세를
잡으면서 일곱 가지로 확정되었습니다.

어떤 그리스도인도─길을 잘못 접어든 그리스도인이라도─매정하
게 대하고 싶지 않은 마음으로 사랑을 다하여 지적하건대, 로마 가
톨릭 교회는 오늘날 거룩한 영역과 세속적인 영역을 구분하는 이단
의 대표가 되었습니다. 이것은 논리적인 귀결입니다. 무엇보다 치명
적인 영향은 신앙과 삶 사이에 완전한 간극을 만들어 놓은 것입니

다. 가톨릭의 선생들은 여러 각주와 많은 설명을 동원하여 이 함정을 피해 보려 하지만, 논리적으로 생각하는 인간 정신의 본능이 워낙 강력한 탓에 피할 수가 없습니다. 실생활에서 이 간극은 명백한 현실로 나타나고 있습니다.

종교개혁자와 청교도와 신비주의자들은 그 속박에서 우리를 해방시키고자 노력했습니다. 그런데 오늘날 보수주의 진영은 그 속박으로 돌아가려는 성향을 보이고 있습니다. 불타는 건물에서 구출된 말이 때로 이상한 고집을 부리며 구조자의 고삐를 끊고 건물로 다시 뛰어들어 가 타 죽는 경우가 있다고 합니다. 오늘날 근본주의자들도 잘못된 데로 돌아가려는 고집스러운 성향을 발휘하여 다시금 영적인 노예가 되려 하고 있습니다. 날과 절기를 지키는 사례들이 점점 더 눈에 띄고 있습니다. 복음적인 그리스도인들이 '사순절'이나 '성주간'이나 '성 금요일'이라는 말을 입에 올리는 경우도 점점 더 늘고 있습니다. 언제쯤 이런 상황이 호전될지 모르겠습니다.

제 말을 오해하지 않도록 이제껏 논증한 가르침의 실제적인 의미, 즉 매일의 삶이 곧 성사라는 점을 부각시켜 설명해 보겠습니다. 여기 담긴 적극적인 의미와 대조해 볼 수 있도록, 여기 해당되지 않는 몇 가지 의미부터 지적해 보겠습니다.

예컨대 저는 우리가 하는 모든 일이 똑같이 중요하다고 말하는 것이 아닙니다. 중요성의 측면에서는 이 행동과 저 행동이 크게 다를 수 있습니다. 바울에게 천막을 깁는 일은 로마서를 쓰는 일만큼 중요하지 않았습니다. 그럼에도 하나님은 둘 다 참된 예배의 행동으로 받으셨습니다. 정원에 나무를 심는 일은 한 영혼을 그리스도께 인도하는 일보다 덜 중요한 것이 확실하지만, 영혼을 구하는 일만큼 거룩한 행동이 될 수 있습니다.

또한 저는 유용성의 측면에서 모든 사람이 똑같다고 말하는 것도 아닙니다. 그리스도의 몸에는 각기 다른 은사들이 있습니다. 순전히 교회와 세상에 얼마나 도움이 되었느냐 하는 측면에서 볼 때, 빌리 브레이Billy Bray 같은 사람과 루터나 웨슬리 같은 사람은 비교가 되지 않습니다. 그러나 은사가 적은 형제의 봉사도 많은 은사를 가진 형제의 봉사만큼 순수한 것입니다. 하나님은 둘 다 똑같이 기쁘게 받으십니다.

'평신도'라고 해서 자신의 하찮은 임무가 목회자의 임무보다 못하다고 생각할 필요는 전혀 없습니다. 각각 부르심을 받은 자리에 거할 때, 평신도의 일 또한 목회자의 일만큼 거룩해집니다. 거룩한 일이냐 세속적인 일이냐를 결정짓는 것은 일하는 내용이 아니라 일하는 이유입니다. 동기가 가장 중요합니다. 마음속에 주 하나님을 거룩하게 모셨다면, 그때부터 어떤 행동도 평범한 것이 될 수 없습니다. 그가 하는 모든 일이 예수 그리스도를 통해 하나님 앞에 선하고 받으실 만한 것이 됩니다. 그 사람의 삶 자체가 제사장 사역이 됩니다. 그가 결코 평범치 않은 자신의 임무를 수행할 때 "거룩하다, 거룩하다, 거룩하다, 만군의 여호와여, 그 영광이 온 땅에 충만하도다"라는 스랍의 소리가 들려올 것입니다(사 6:3).

∞

주여, 주를 온전히 신뢰하겠습니다. 주의 온전한 소유가 되겠습니다. 모든 것 위에 주를 높이겠습니다. 주 외에 어떤 것에도 소속감을 느끼지 않길 열망합니다. 저를 덮고 있는 주의 임재를 항상 인식하며, 주가 말씀하시는 소리를 듣길 소원합니다. 평안하고 신실한 마음으로 살길 갈망합니다. 성령 안에서 충만한 삶을 삶으로 제 모든 생각이 감미로운 향기로 주께 올라가며, 제 삶의 모든 행동이 예배의 행동이 되길 소원합니다. 그러므로 그 옛날 주의 위대한 종이 했던 말을 빌려 기도합니다. "주의 말할 수 없는 은혜의 선물로 제 마음의 의도를 씻으사 주님을 온전히 사랑하며 합당한 찬양을 드리게 하시길 구하옵니다."* 하나님의 아들 예수 그리스도의 공로를 보시고 이 모든 것을 제게 허락하시리라 믿고 확신합니다. 아멘.

• 『무지의 구름』 중에서.

성례의 삶